Intermediate 1

Doc: Intermediate 1   Ver: 20200327   Copyright 2020, The ShareLingo Project

© 2020 James Archer

All rights reserved. No part of this publication may be reproduced, distributed or transmitted in any form or by any means, including photocopying, recording or other electronic or mechanical methods, without the prior written permission of the publisher, except in the case of brief quotations embodied in reviews and certain other non-commercial uses permitted by copyright law.

www.ShareLingo.com/LessonBooks

About ShareLingo's Mission

The ShareLingo Project is a social enterprise based in Denver Colorado that specifically focuses on helping English and Spanish speakers meet and practice with each other. We will work with other languages "some day". The larger goal is to break down tension and barriers – to promote the idea that we can all live and work side-by-side regardless of race, religion, gender, sexuality, country of origin, or any other factor.

For more information about The ShareLingo Project's mission and goals, please order a copy of *Beyond Words* by ShareLingo's founder James Archer. All profits will help organizations that support and encourage diversity and inclusion.

Beyond Words was ranked #1 on Amazon in the category of Sociology of Race Relations and can help schools, hospitals, institutions, businesses, churches and our community in general.

http://bit.ly/ArcherBooks

Scan this code

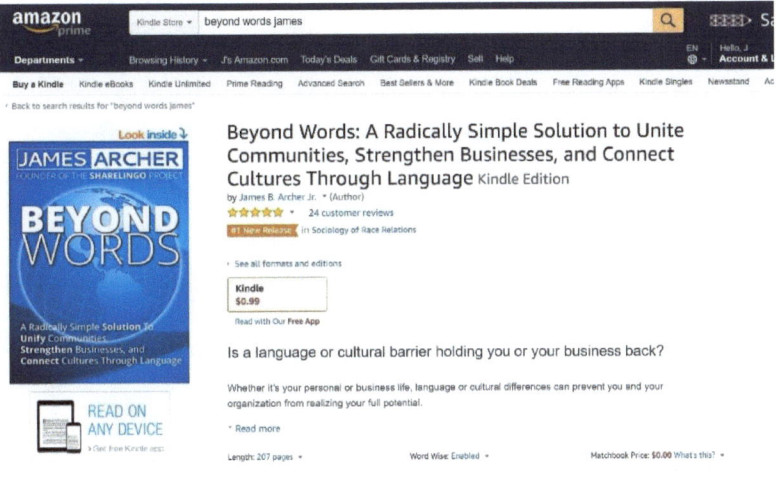

BIENVENIDO A SHARELINGO!

I don't take it lightly that you've invested in this program. And I can assure you that our team has been working nonstop to make this a world-class experience for you.

That's why I'm excited for you. This investment in ShareLingo marks the beginning of YOUR journey. So take comfort in that you are exactly where you need to be and you're surrounded by an absolutely incredible group of people who will support you to the end of that journey.

Now one thing you'll notice about ShareLingo is that we are very "hands on". Meaning, we are fully committed to your success and that means we are hyper engaged in all aspects of the course delivery. I tell you that because what you'll get from this experience is equal to what you put in.

Even more, you're now tapping into a community full of wisdom and insights as it relates to finally being able to speak Spanish with CONFIDENCE. That's why I encourage you to get to know the rest of the ShareLingo family. They are incredible and the communities they are working with are incredible too.

So welcome mi Amig@. It's going to be a blast and I'm so looking forward to supporting you through this amazing experience.

Saludos,

James Archer

BIENVENIDO A SHARELINGO!

No tomo a la ligera que hayas invertido en este programa. Y puedo asegurarte que nuestro equipo ha estado trabajando sin parar para hacer de esto una experiencia de primera clase para usted.

Es por eso que estoy emocionado por ti. Esta inversión en ShareLingo marca el comienzo de TU viaje. Así que siéntete cómodo porque estás exactamente donde necesitas estar y estás rodeado por un grupo absolutamente increíble de personas que te apoyarán hasta el final de este viaje.

Ahora, una cosa que notarás sobre ShareLingo es que somos muy "prácticos". Es decir, estamos totalmente comprometidos con tu éxito y eso significa que estamos muy comprometidos con todos los aspectos de la entrega del curso. Te lo digo porque lo que obtienes de esta experiencia es igual a lo que pones.

Aún más, ahora estás aprovechando una comunidad llena de sabiduría y conocimientos en lo que respecta a finalmente poder hablar inglés con CONFIANZA. Es por eso que te animo a que conozcas al resto de la familia ShareLingo. Son increíbles y las comunidades con las que trabajan son increíbles también.

Así que bienvenido my friend. Va a ser una maravilla y estoy ansioso por apoyarte en esta increíble experiencia.

Saludos,

James Archer

WELCOME TO SHARELINGO
BIENVENIDO(A) A SHARELINGO

The ShareLingo Project was developed to help people PRACTICE together.

For many people learning Spanish, the biggest barrier is not vocabulary or grammar… The biggest barrier is confidence speaking. And that means they just need more practice – with native speakers. Well, native Spanish speakers who want to speak English are in the same boat. They need confidence speaking too.

While the bilingual lessons in this book can certainly be used "stand alone", they were created as part of *The Spanish Success Path* course and membership developed by The ShareLingo Project.

ShareLingo developed and teaches a simple 4-part METHOD for English and Spanish speakers to use to practice together. This method ensures that both parties are getting "equal time" and that they can progress rapidly.

There are thousands of options for learning vocabulary and grammar – but what use are they if you still don't have any confidence speaking with native Spanish speakers?

If you would like more information about The ShareLingo Project, The Spanish Success Path, or the ShareLingo Method, please visit this link: www.iShareLingo.com

---

El proyecto ShareLingo fue desarrollado para ayudar a las personas a practicar juntos.

Para muchas personas que aprenden inglés, la barrera más grande no es el vocabulario o la gramática... La barrera más grande es hablar con confianza. Y eso significa que solo necesitan más práctica, con hablantes nativos. Bueno, los hablantes nativos de inglés que quieren hablar español están en el mismo barco. Necesitan confianza hablando también.

Si bien las lecciones bilingües en este libro pueden ser utilizadas "de manera independiente", se crearon como parte del curso y la membresía de El *Camino del Éxito de inglés* desarrollado por El Proyecto ShareLingo.

ShareLingo desarrolló y enseña un MÉTODO simple de 4 partes para que los hablantes de inglés y español lo usen para practicar juntos. Este método garantiza que ambas partes obtengan "el mismo tiempo" y que puedan progresar rápidamente.

Hay miles de opciones para aprender vocabulario y gramática, pero ¿de qué sirven si todavía no tienes confianza para hablar con hablantes nativos de inglés?

Si desea obtener más información sobre The ShareLingo Project, El *Camino del Éxito de inglés*, o El Proyecto ShareLingo, visite este enlace: www.iShareLingo.com/espanol

WELCOME TO SHARELINGO
BIENVENIDO(A) A SHARELINGO

Course Description: ShareLingo was designed to help you improve your communication skills in your target language through different activities, such as personalized discussions, videos, readings, online exercises, etc.

We will help you:
- Understand your motivation for learning Spanish
- Find a Native Spanish speaker who you can practice with.
- Learn how to practice efficiently and effectively
- Enjoy the process

Things to remember:

- **We all have the ability to learn a new language.** If you can learn a new word in English, you can learn a new word in Spanish. It is the same part of the brain.

- To speak a new language, you need two things – foundation and practice.
- Foundation gives you the Vocabulary and Grammar. You can learn that "Good Morning" is "Buenos Dias".
- There are hundreds of places to build vocabulary and grammar. Classes, Online (like DuoLingo),

Descripción del curso: ShareLingo fue diseñado para ayudarle a mejorar sus competencias comunicativas en otro idioma, a través del desarrollo de diferentes actividades como discusiones personalizadas, videos, lecturas, ejercicios en línea, etc.

Le ayudaremos:
- Comprender su motivación para aprender español
- Encuentra un hablante nativo de inglés con quien puedes practicar
- Aprenda a practicar de manera eficiente y eficaz
- Disfruta del proceso

Cosas para recordar:

- **Todos tenemos la posibilidad y habilidad para aprender un nuevo idioma.** Si puedes aprender una nueva palabra en español, puedes aprender una nueva palabra en inglés. Es la misma parte del cerebro.

- Para hablar un nuevo idioma, necesita dos cosas: las bases fundamentales y la práctica.
- Las bases fundamentales te dan el vocabulario y la gramática. Puede aprender que "Buenos Días" es "Good Morning".
- Hay cientos de lugares para construir vocabulario y gramática. Clases, en línea (como DuoLingo),

WELCOME TO SHARELINGO
BIENVENIDO(A) A SHARELINGO

CDs, Rosetta Stone, etc. Great. Do those. Begin!	CD's, Rosetta Stone, etc. Genial. Haz esos. ¡Comienza!

- But if you want to speak with confidence to a real person – you have to PRACTICE with a real person. You won't have confidence saying "Buenos días" to someone until you have done it.

- Approaching someone to "test" your language skills can be scary, and is the one thing that holds the most people back. But unless you can practice, you are destined to fail. Remember high school?

- This is not just with language! Suppose you want to learn to play tennis. To really play, you have to practice with a PERSON.

- ShareLingo is the place to PRACTICE Spanish with a real person.

- Practice involves both LISTENING and SPEAKING.

- This program is different than any language program you have tried before.

- This program will teach you how to practice both listening and speaking with your partner.

- Pero si quiere hablar con confianza a una persona real, tiene que PRACTICAR con una persona real. No tendrá confianza diciendo "Good Morning" a alguien hasta que lo haya hecho.

- Acercarse a alguien para "probar" sus habilidades de lenguaje puede ser aterrador, y es la única cosa que retiene a la mayoría de la gente. Pero a menos que pueda practicar, está destinado a fallar. ¿Recuerda la secundaria?

- ¡Esto no es sólo con el lenguaje! Supongamos que quiere aprender a jugar al tenis. Para jugar realmente, tiene que practicar con una PERSONA.

- ShareLingo es el lugar para PRACTICAR el inglés con una persona real.

- La práctica implica tanto ESCUCHAR y HABLAR.

- Este programa es diferente de cualquier programa de idioma que haya probado antes.

- Este programa le enseñará a practicar, tanto como a escuchar y a hablar con su compañero.

WELCOME TO SHARELINGO

BIENVENIDO(A) A SHARELINGO

- It will also teach you how to FIND people to practice with you!

- ¡También le enseñará a ENCONTRAR personas a practicar con usted!

For your safety

THE SHARELINGO PROJECT encourages people from all walks of life to exchange their languages and cultures with other people.

While ShareLingo encourages daily interaction between participants, it is important for your safety that you only meet with other participants in a safe and public location.

Whenever you meet with a practice partner, remember that you do so at your own risk, and be careful.

Para su seguridad

El PROYECTO SHARELINGO anima a gente de todos los ámbitos de la vida a intercambiar su idioma y cultura con otras personas.

Si bien ShareLingo recomienda la interacción diaria entre los participantes, es importante para su seguridad que sólo se presente con otros participantes en una locación segura y pública.

Siempre que se reúna con un compañero de práctica, recuerde que lo hace bajo su propio riesgo, y tenga cuidado.

WELCOME TO SHARELINGO
BIENVENIDO(A) A SHARELINGO

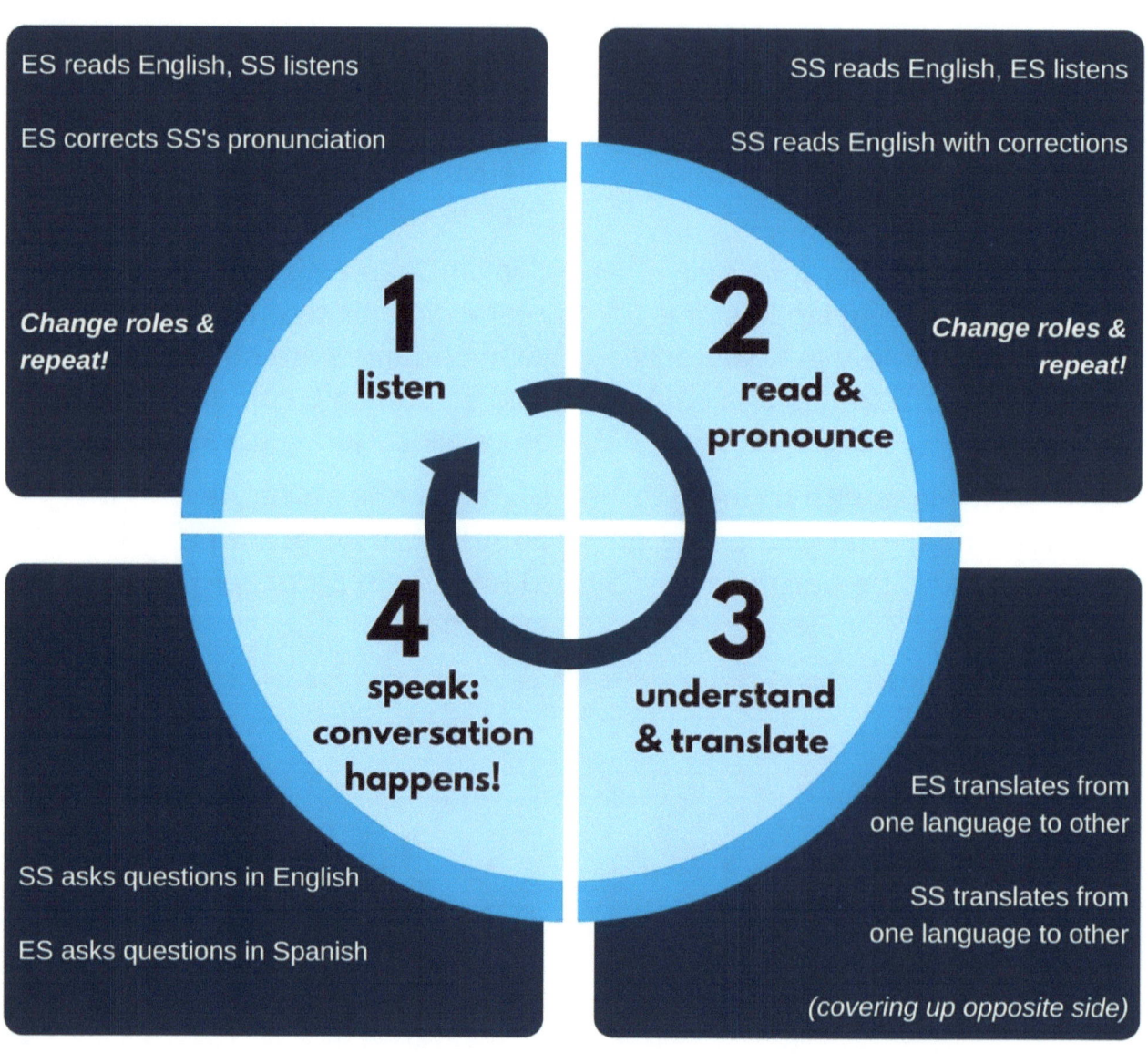

WELCOME TO SHARELINGO
BIENVENIDO(A) A SHARELINGO

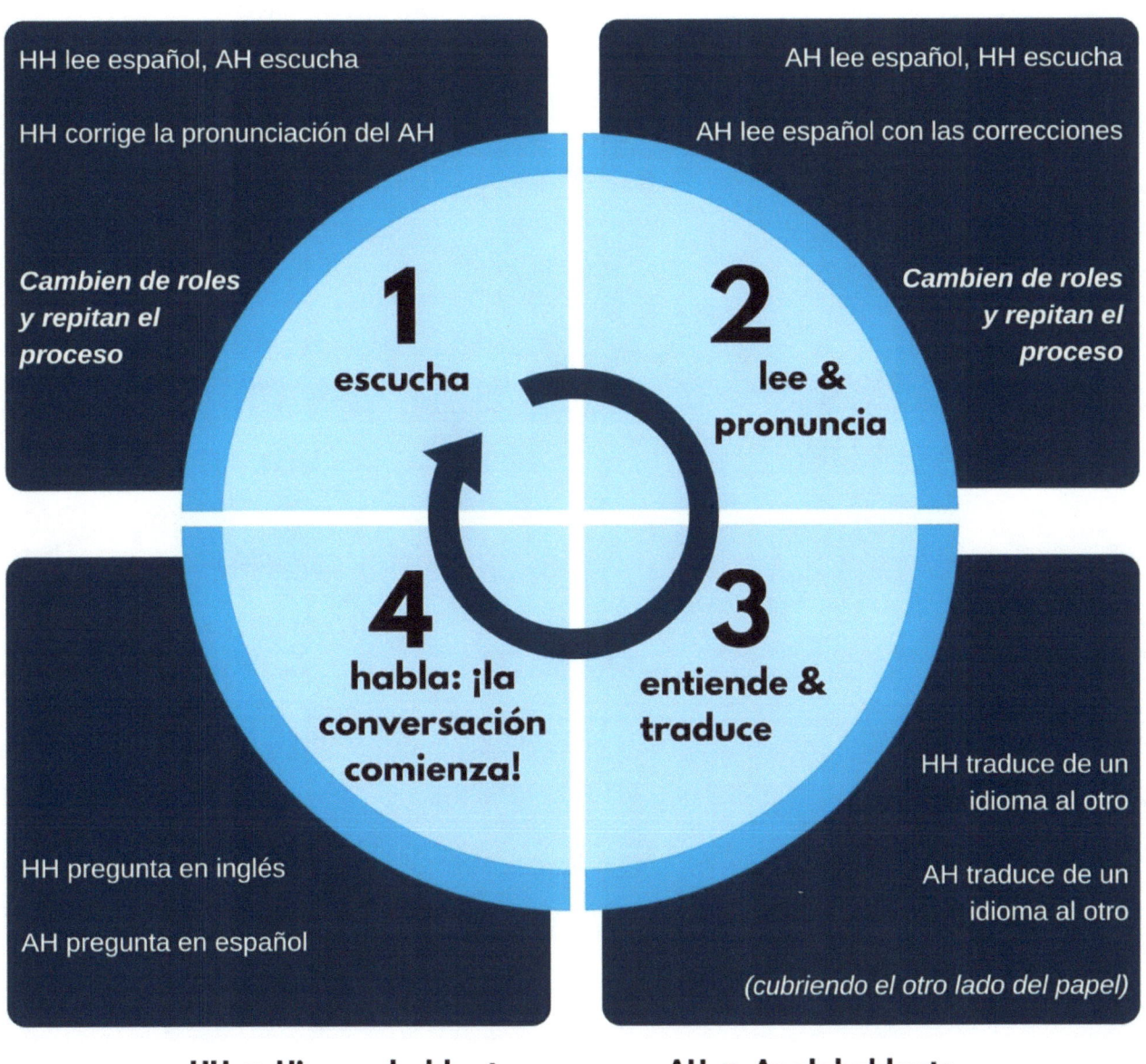

LESSON 1: SIMPLE PAST TENSE
LECCIÓN 1: PASADO SIMPLE (PRETÉRITO)

VERBS | VERBOS

LESSON OBJECTIVE

To learn and practice the use of the simple past

OBJETIVO DE LA LECCIÓN

Aprender y practicar el uso del pasado simple (pretérito)

VOCABULARY

1. We celebrated
2. We followed
3. He knocked
4. Mexican families celebrated
5. I carried a candle. We all did.
6. We waited for the host to open it.
7. He hit it really hard.
8. I laughed

VOCABULARIO

1. Nosotros celebramos
2. Nosotros seguimos
3. Él tocó
4. Las familias mexicanas celebraron
5. Yo cargué una vela. Todos lo hicimos.
6. Esperamos a que la anfitriona la abriera.
7. Él le pegó muy fuerte
8. Yo me reí

LESSON 1: SIMPLE PAST TENSE
LECCIÓN 1: PASADO SIMPLE (PRETÉRITO)

SIMPLE PAST TENSE

1. Christmas last year was fantastic.
2. **We celebrated** Christmas in México.
3. **We followed** the Mexican tradition of p*osadas*.
4. Mexican Christmas is filled with magic.
5. *Posadas* are part of a religious tradition in México.
6. We celebrated the nine days of Posadas according to the tradition.
7. The Christmas holiday in Mexico continues through January 6th, which is *El Día de los Reyes* (Day of the Kings or Wise Men).
8. Traditionally, this is the day Mexican children receive their gifts.
9. A *posada* is the reenactment of the Census pilgrimage to Bethlehem by Mary and Joseph in search of a room.
10. So my Dad pretended that he was looking for a posada. I did too.
11. **He knocked** at a different door every night. Me too.

PASADO SIMPLE (PRETÉRITO)

1. La navidad del año pasado fue fantástica.
2. **Nosotros celebramos** la navidad en México.
3. **(Nosotros) seguimos** la tradición mexicana de las *posadas*.
4. La navidad mexicana está llena de magia.
5. Las posadas son parte de una tradición religiosa en México.
6. Nosotros celebramos los nueve días de las posadas de acuerdo con la tradición.
7. La fiesta de navidad en México continúa hasta el 6 de enero, que es el Día de los Reyes Magos.
8. Tradicionalmente, ese es el día en que los niños mexicanos reciben los regalos.
9. Una posada es la recreación de la peregrinación hacia Belén de María y José en busca de una habitación.
10. Entonces mi papá fingió que estaba buscando posada. Yo también.
11. **Él tocó** una puerta diferente cada noche. Yo también.

LESSON 1: SIMPLE PAST TENSE
LECCIÓN 1: PASADO SIMPLE (PRETÉRITO)

SIMPLE PAST TENSE

12. **I carried a candle. We all did.**
13. We sang at the door and **waited for the hostess to open it.**
14. Each night, a different family offered a *posada* to all the singers.
15. Each family opened the door to the pilgrims.
16. We sang while we waited.
17. When the families opened the door, they answered with a song.
18. Then we gathered and sang more songs and played with a piñata.
19. The piñata had the shape of a seven- pointed star and was decorated with lots of colors.
20. It was full of candy.
21. Samuel broke it.
22. **He hit it really hard.** It was so fun.
23. **I laughed.** My dad laughed. They laughed. We all laughed.
24. We drank *champurrado*. It was delicious.

PASADO SIMPLE (PRETÉRITO)

12. **Yo cargué una vela. Todos lo** hicimos.
13. Cantamos frente a la puerta y esperamos a que los anfitriones abrieran anfitriones abrieran.
14. Cada noche una familia diferente ofreció una posada a todos los cantantes.
15. Cada familia abrió la puerta a los peregrinos.
16. Nosotros cantamos mientras esperamos.
17. Cuando las familias abrieron la puerta a los peregrinos, ellos respondieron con una canción.
18. Entonces nos reunimos y cantamos más canciones y jugamos con una piñata.
19. La piñata tenía la forma de una estrella de siete puntas y estaba decorada con muchos colores.
20. Estaba llena de dulces.
21. Samuel la rompió.
22. **Él le pegó muy fuerte.** Fue muy divertido.
23. **Yo me reí. M**i papá se rió. Ellos se rieron. Todos nos reímos.
24. Tomamos champurrado. Estaba delicioso.

LESSON 1: SIMPLE PAST TENSE
LECCIÓN 1: PASADO SIMPLE (PRETÉRITO)

SIMPLE PAST TENSE

25. The last night of the posadas was the twenty-fourth (24th).
26. There was a big party. The night was extraordinary.
27. The food was delicious.
28. The table was filled with tamales, *atoles, bacalao* and *buñuelos*.
29. That was a celebration that I will never forget.
30. You have to experience it. I promise you won't forget it.

PASADO SIMPLE (PRETÉRITO)

25. La noche final de las posadas fue el veinticuatro (24).
26. Hubo una gran fiesta. Esa noche estuvo extraordinaria.
27. La comida estuvo deliciosa.
28. La mesa estuvo llena de tamales, atoles, bacalao y buñuelos.
29. Esa fue una celebración que yo nunca olvidaré.
30. Tú tienes que vivirla. Yo te prometo que nunca la olvidarás.

TIPS FOR LIFE

"Then the Grinch thought of something he hadn't before! What if Christmas, he thought, doesn't come from a store? What if Christmas... perhaps... means a little bit more?!"
How the Grinch Stole Christmas! Dr. Seuss

CLAVES PARA LA VIDA

"¡Entonces el Grinch pensó en algo que no había pensado antes! ¡¿Qué tal si la navidad, pensó, no viniera de una tienda?! ¡¿Qué tal si la navidad…quizá… significara un poco más?!"
Cómo el Grinch se robó la navidad. Dr. Seuss

LESSON 1: SIMPLE PAST TENSE
LECCIÓN 1: PASADO SIMPLE (PRETÉRITO)

CLASS ACTIVITIES

Escribe los verbos en el pasado junto con su traducción.

Verb	Simple Past	Translation in the past
Accept		
Achieve		
Add		
Beg		
Call		
Cheat		
Enjoy		
Guess		
Hate		
Help		
Introduce		
Irritate		
Joke		
Kiss		

ACTIVIDADES PARA LA CLASE

Write the verb in past along with the translation (1st person):

Verbo	Pasado Simple	Traducción en pasado
Aceptar		
Lograr		
Agregar		
Rogar		
Llamar		
Engañar		
Disfrutar		
Adivinar		
Odiar		
Ayudar		
Presentar		
Irritar		
Bromear		
Besar		

LESSON 1: SIMPLE PAST TENSE
LECCIÓN 1: PASADO SIMPLE (PRETÉRITO)

HOMEWORK

1. Choose some new words from the vocab list and be prepared to use them in a description about your last Christmas.
2. Continue working with the list. Write the verb in past and the translation.

Verb	Simple Past	Translation in the past
Laugh		
Move		
Offer		
Open		
Paint		
Park		
Push		
Question		
Remember		
Snore		
Stare		
Type		

TAREA

1. Escoge del vocabulario palabras que sean nuevas para ti y prepárate para usarlas en una descripción acerca de una navidad pasada.
2. Continúa trabajando en la lista. Escribe el verbo en pasado y su traducción.

Verbo	Pasado simple	Traducción en el pasado
Reír		
Mover		
Ofrecer		
Abrir		
Pintar		
Aparcar		
Empujar		
Preguntar		
Recordar		
Roncar		
Mirar		
Escribir		

LESSON 1: SIMPLE PAST TENSE
LECCIÓN 1: PASADO SIMPLE (PRETÉRITO)

HOMEWORK

Verb	Simple Past	Translation in the past
Use		
Visit		
Wait		
Yell		

TAREA

Verbo	Pasado simple	Traducción en el pasado
Usar		
Visitar		
Esperar		
Gritar		

LESSON 1: SIMPLE PAST TENSE
LECCIÓN 1: PASADO SIMPLE (PRETÉRITO)

English	Español

LESSON 1: SIMPLE PAST TENSE
LECCIÓN 1: PASADO SIMPLE (PRETÉRITO)

English

Español

LESSON 1: SIMPLE PAST TENSE
LECCIÓN 1: PASADO SIMPLE (PRETÉRITO)

English

Español

LESSON 2: SIMPLE PAST
LECCIÓN 2: PASADO SIMPLE

WAS/WERE/SPENT

LESSON OBJECTIVE

To learn about the use of simple past verbs **was, were,** and **spent** (time).

VOCABULARY

1. I went to the beach.
2. I went with my mom.
3. We spent the whole weekend.
4. The ocean was blue.
5. We went to have lunch.
6. I wasn't really paying attention.
7. There were so a lot of smells and colors.
8. That was the most beautiful word.
9. It was so hard to pronounce.
10. The server went to the kitchen.
11. My mom's plate was beautiful.
12. If I were sure
13. We were very hungry.
14. It was beautifully green.

FUI/ESTUVE/ERA/PASÉ

OBJETIVO DE LA LECCIÓN

Aprender el uso de los verbos **fui, estuve, estaba, era** y **pasé** en pasado simple

VOCABULARIO

1. Fui a la playa.
2. Fui con mi mamá.
3. Pasamos toda la semana.
4. El océano estaba azul.
5. Fuimos a almorzar.
6. No estaba realmente prestando atención.
7. Había muchos olores y colores.
8. Esa era la palabra más bonita.
9. Era muy difícil de pronunciar.
10. La mesera fue a la cocina.
11. El plato de mi mamá estaba lindísimo.
12. Si estuviera segura
13. Teníamos mucha hambre.
14. Estaba bellamente verde.

LESSON 2: SIMPLE PAST
LECCIÓN 2: PASADO SIMPLE

VOCABULARY

15. I was on fire.
16. It was spicy.
17. They were scared.
18. I was hungry.

VOCABULARIO

15. Yo estaba en llamas.
16. Estaba muy picante.
17. Estaban asustadas.
18. Tenía hambre.

SIMPLE PAST TENSE

WAS / WERE / SPENT

1. On my last vacation, **I went to the beach**.
2. **I went with my mom**.
3. **We spent the whole week** at the beach.
4. **The ocean was blue** and green.
5. We went to Cancun.
6. I remember that we were at the hotel and I was hungry.
7. So **we went to have lunch**.
8. My mom asked for a burrito.
9. I wasn´t familiar with Mexican food.
10. It was my first time in Mexico
11. I asked for tacos.
12. The server asked me if I wanted chili.

PASADO SIMPLE (PRETÉRITO)

FUI/ ESTUVE/ ESTABA/ ERA/ PASÉ

1. En mis vacaciones pasadas **fui a la playa**.
2. (Yo) **Fui con mi mamá**.
3. **Pasamos toda la semana** en la playa.
4. **El océano estaba azul** y verde.
5. (Nosotras) Fuimos a Cancún.
6. (Yo) Recuerdo que nosotras estábamos en un hotel y yo tenía hambre.
7. Entonces **fuimos a almorzar**.
8. Mi mamá pidió un burrito.
9. Yo no conocía la comida mexicana.
10. Era mi primera vez en México.
11. Yo pedí tacos.
12. La mesera me preguntó si quería chile.

LESSON 2: SIMPLE PAST
LECCIÓN 2: PASADO SIMPLE

SIMPLE PAST TENSE

WAS / WERE / SPENT

13. I was feeling happy so I answered YES!
14. She asked me: "What kind of chili do you want?"
15. I didn't know what to answer. So I asked her "What kinds of chile peppers do you have?"
16. Then she explained to me about the poblano chile pepper, serrano pepper, jalapeño pepper, blah, blah, blah, and many others that I don't remember.
17. I wasn't really paying attention.
18. **There were a lot of smells and colors**.
19. It was hard to pay attention.
20. I just remember that all those names sounded beautiful to me so I answered: "I want serrano pepper". **That was the most beautiful word** to me at that moment. **It was very hard to pronounce.**
21. She looked at me with big eyes and asked me: "are you sure?

PASADO SIMPLE (PRETÉRITO)

FUI/ ESTUVE/ ESTABA/ ERA/ PASÉ

13. Yo me estaba sintiendo feliz entonces le respondí que ¡SI!
14. Ella me preguntó: "¿Qué clase de chile quieres?"
15. No supe que responder. Entonces le pregunte: "¿Qué clases de chiles tienes?
16. Entonces ella me explicó del chile Poblano, chile Serrrano, chile Jalapeño, bla, bla, bla y otros que no recuerdo.
17. No estaba realmente prestando atención.
18. **Había muchos olores y colores**.
19. Era difícil poner atención.
20. Solo recuerdo que todos esos nombres me sonaban lindos, entonces respondí: "quiero chile Serrano". **Esa era la palabra más bonita** para mí en ese momento. **Era muy difícil de pronunciar.**
21. Ella me miró con unos grandes ojos y me preguntó: ¿Estás segura?

LESSON 2: SIMPLE PAST
LECCIÓN 2: PASADO SIMPLE

SIMPLE PAST TENSE

22. Since my mom was looking at me too, I answered powerfully and with conviction, YES!
23. **The server went to the kitchen** and came back with our meals.
24. **My mom's plate was beautiful** and smelled delicious.
25. Mine looked wonderful.
26. And it smelled even better than my mom's.
27. My mom asked me -again- if **I was sure** about my meal.
28. I answered YES again. She seemed to be surprised.
29. She answered: "All right!"
30. **We were very hungry**.
31. My dish **was beautifully green**.
32. We started eating right away.
33. And Oh My God... I started crying.
34. I couldn't breathe.

SIMPLE PAST TENSE

22. Entonces, como mi mamá también me estaba mirando, yo respondí poderosamente y con convicción, ¡Sí!
23. **La mesera fue a la cocina** y volvió con nuestras comidas.
24. **El plato de mi mamá estaba lindísimo** y olía delicioso.
25. El mío se veía espectacular.
26. Y olía mejor que el de mi mamá.
27. Mi mamá me preguntó -de nuevo- si **estaba segura** acerca de mi comida.
28. Yo respondí ¡SÍ! de nuevo.
29. Ella me dijo: "Está bien!".
30. Nosotras **teníamos mucha hambre**.
31. Mi plato estaba bellamente verde.
32. Empezamos a comer inmediatamente.
33. Y oh Dios mío... yo empecé a llorar.
34. No podía respirar.

LESSON 2: SIMPLE PAST
LECCIÓN 2: PASADO SIMPLE

SIMPLE PAST TENSE

35. I was on fire.
36. I was red.
37. I was yellow.
38. I was orange.
39. It was spicy, terribly spicy.
40. I ran towards the bathroom.
41. My mom ran with me.
42. The server ran too.
43. I drank water.
44. I couldn't feel my lips.
45. I couldn't feel my mouth.
46. After a few minutes I felt a little better.
47. I kept drinking water.
48. I was feeling better and better.
49. My mom and the server were scared.
50. I looked at them and took a deep breath.
51. I felt my stomach.
52. I was hungry.
53. I asked: can I change my meal? I don't want chile peppers.
54. They laughed and were relieved.

SIMPLE PAST TENSE

35. Yo estaba en llamas.
36. (Yo) estaba roja.
37. Estaba amarilla.
38. Estaba naranja.
39. Estaba picante, terriblemente picante
40. Corrí hacia el baño.
41. Mi mamá corrió conmigo.
42. La mesera corrió también.
43. (Yo) tomé agua.
44. No podía sentir mis labios.
45. No podía sentir mi boca.
46. Después de un par de minutos me sentí un poco mejor.
47. Seguí tomando agua.
48. Me estaba sintiendo mejor y mejor.
49. Mi mamá y la mesera estaban asustadas.
50. Yo las miré y respiré profundo.
51. Sentí mi estómago.
52. Tenía hambre.
53. Entonces pregunté: ¿puedo cambiar mi comida? No quiero chile.
54. Ellas se rieron y estaban más tranquilas.

LESSON 2: SIMPLE PAST
LECCIÓN 2: PASADO SIMPLE

SIMPLE PAST TENSE

55. I will never forget my last vacation.
56. I learned how important it is to listen carefully.
57. I learned about chile peppers.

SIMPLE PAST TENSE

55. Nunca olvidaré mi pasado viaje de vacaciones.
56. Aprendí la importancia de escuchar cuidadosamente.
57. Aprendí sobre el chile.

CLASS ACTIVITIES

Describe your weekend. Write 5 sentences using went, was, were.
"I went to the park with my friend".
1._____
2._____
3._____
4._____
5._____
Read the vocabulary again together and pay attention to the meaning of all the sentences.

ACTIVIDADES PARA LA CLASE

Describe tu fin de semana. Escribe 5 oraciones usando fui y estuve.
"Yo fui al parque con mi amigo".
1._____
2._____
3._____
4._____
5._____
Lean juntos el vocabulario de nuevo y presten atención al significado de todas las oraciones.

LESSON 2: SIMPLE PAST
LECCIÓN 2: PASADO SIMPLE

TIPS FOR LIFE

"We do not heal the past by dwelling there; we heal the past by living fully in the present."
Marianne Williamson

CLAVES PARA LA VIDA

"No sanamos el pasado habitando en este. Sanamos el pasado viviendo totalmente en el presente."
Marianne Williamson

HOMEWORK

1. Write ten sentences describing your last vacation using the simple past.

TAREA

1. Escribe diez oraciones describiendo tu último viaje de vacaciones usando pasado simple.

LESSON 2: SIMPLE PAST
LECCIÓN 2: PASADO SIMPLE

English

Español

LESSON 2: SIMPLE PAST
LECCIÓN 2: PASADO SIMPLE

English

Español

LESSON 2: SIMPLE PAST
LECCIÓN 2: PASADO SIMPLE

English

Español

LESSON 3: SIMPLE PAST TENSE
LECCIÓN 3: PASADO (PRETÉRITO)

MORE VERBS | MÁS VERBOS

LESSON OBJECTIVE

To learn how to use irregular verbs

OBJETIVO DE LA LECCIÓN

Aprender a usar verbos irregulares

VOCABULARY

1. Went to bed
2. Woke up early
3. Got ready for the school
4. She ate happily
5. Got off the bus
6. She told the students about…
7. The teacher told the students
8. After the lunch time was over
9. The school bell rang
10. Students came out the school gate

VOCABULARIO

1. Fue a la cama
2. Se despertó temprano
3. Se preparó para la escuela
4. Ella comió alegremente
5. Bajó del autobús
6. Ella les dijo a los estudiantes que…
7. La profesora les dijo a los estudiantes
8. Cuando la hora del almuerzo se acabó
9. La campana de la escuela sonó
10. Los estudiantes salieron a la puerta de la escuela

LESSON 3: SIMPLE PAST TENSE
LECCIÓN 3: PASADO (PRETÉRITO)

IRREGULAR VERBS

My first day at school

1. Anita **went to bed** dreaming of the adventures that would take place the next morning. It would be her first day of school.
2. Anita **woke up early** in the morning and **got ready for the school**. She rushed to the breakfast table where her breakfast was ready. **She ate happily**. **She was very excited** for the classroom activities.
3. Anita, her mom and dad rushed to the stop where **other kids were waiting** for the bus. **Kids talked about** how fun school was going to be.
4. **The bus stopped** at the corner. All the kids climbed into the bus. Anita waved goodbye to her mom and dad as **she walked towards the bus**.

VERBOS IRREGULARES

Mi primer día en la escuela

1. Anita **fue a la cama** soñando con las aventuras que le pasarían la mañana siguiente. Sería su primer día de escuela.
2. Anita **se despertó temprano** en la mañana y **se preparó para la escuela**. Ella corrió a la mesa del desayuno, donde el desayuno estaba listo. **Ella comió alegremente**. **Ella estaba muy emocionada** por las actividades del aula.
3. Anita, su mamá y papá corrieron a la parada donde **otros niños estaban esperando** el autobús. **Los niños hablaron** de lo divertida que iba a ser la escuela.
4. **El autobús paró** en la esquina. Todos los niños subieron al autobús. Anita se despidió de su mamá y papá **mientras caminaba hacia el autobús**.

LESSON 3: SIMPLE PAST TENSE
LECCIÓN 3: PASADO (PRETÉRITO)

IRREGULAR VERBS

5. The bus stopped at the school after a short ride. The school was quite big. Kids were excited to see the school as **they got off the bus**. All the children moved towards the entrance gate.

6. The teacher sat Anita and her friends down in the classroom. After that the teacher introduced herself. **She told students about** all the activities they would do in class.

7. **The teacher told the students** that they would study every day. She said that they would learn to read and write very soon. She told the children a very funny story and everyone laughed.

8. Then it was time for lunch. **All the students gathered** in the school cafeteria. Everybody chose their favorite lunch. Anita picked her favorite lunch.

IRREGULAR VERBS

5. El autobús se detuvo en la escuela después de un corto recorrido. La escuela era bastante grande. Los niños estaban muy contentos de ver la escuela **cuando bajaron del autobús**. Todos los niños se movían hacia la puerta de entrada.

6. El maestro ubicó a Anita y sus amigos en el salón de clases. Después la profesora se presentó. **Ella les dijo a los estudiantes** acerca de muchas de las actividades que harían en la clase.

7. **La profesora les dijo a los estudiantes** que iban a estudiar todos los días. Ella les dijo que iban a aprender a leer y escribir muy pronto. Ella les contó a los niños una historia muy divertida y todo el mundo se echó a reír.

8. Ahora era el tiempo del almuerzo. **Todos los estudiantes se reunieron** en la cafetería de la escuela. Todo el mundo eligió su comida favorita. Anita cogió su comida favorita.

LESSON 3: SIMPLE PAST TENSE
LECCIÓN 3: PASADO (PRETÉRITO)

IRREGULAR VERBS

9. **After lunch time was over,** the children were free to go to the playground. Anita and a few students played a game of soccer.
10. After the game was over the teacher gave **paper and crayons or colored pencils** to the students. Anita painted a fruit tray.
11. **The school bell rang. Anita learned many new things.**

12. All the students came out the school gate and said good bye to each other. Students got on the school bus. It was time to go home.
13. Anita was very excited to share the wonderful experience of her first day at school with her mom and dad. They wanted to hug their little girl.
From: www.mobogenie.com

IRREGULAR VERBS

9. **Cuando la hora del almuerzo se acabó** los niños fueron libres de ir a la zona de juegos. Anita y algunos estudiantes jugaron un partido de fútbol.
10. Después de que el juego había terminado la profesora les dio a **los estudiantes papel y colores**. Anita pintó una bandeja de fruta.
11. **La campana de la escuela sonó**. Anita aprendió muchas cosas nuevas

12. Todos los **estudiantes salieron a la puerta de la escuela** y se despidieron entre ellos. Los estudiantes subieron al autobús. Era hora de ir a casa.
13. Anita estaba muy emocionada por compartir la maravillosa experiencia de su primer día en la escuela con su mamá y papá. Ellos querían abrazar a su niña.
From: www.mobogenie.com

LESSON 3: SIMPLE PAST TENSE
LECCIÓN 3: PASADO (PRETÉRITO)

CLASS ACTIVITY

Write in present the following words/sentences.
1. Came _____
2. The bell rang _____
3. Learned _____
4. Gave _____
5. Students gathered _____

6. Told _____
7. They got off _____
8. The bus stopped _____
9. Kids talked about _____

10. Rushed to the stop _____
    _____
11. She was very excited _____
    _____
12. Got ready for _____
13. Woke up early _____
14. Went to bed

ACTIVIDAD PARA LA CLASE

Escribe en presente las siguientes palabras/oraciones.
1. Vino _____
2. La campana sonó _____
3. Aprendió _____
4. Dieron _____
5. Los estudiantes se reunieron___
   _____
6. Dijo _____
7. Bajaron _____
8. El bus paró _____
9. Los niños hablaron acerca de__
   _____
10. Corrieron a la parada
    _____
11. Ella estaba muy emocionada___
    _____
12. Se preparó para _____
13. Se despertó temprano _____
14. Fue a la cama

TIPS FOR LIFE

"Do not dwell in the past, do not dream of the future, concentrate the mind on the present moment." --Buddha

CLAVES PARA LA VIDA

"No te quedes en el pasado, no sueñes con el futuro, concentra tu mente en el momento presente". –Buda

Doc: Intermediate 1   Version: 20200327

LESSON 3: SIMPLE PAST TENSE
LECCIÓN 3: PASADO (PRETÉRITO)

CLASS ACTIVITY

Choose five verbs form this lesson and write two sentences using each verb. One sentence in past and the other one in present.
Example:
- I came to this country in 2010.
- I come to this restaurant very often.
- In Schoology, check the video about how to conjugate verbs,

CLASS ACTIVITY

Escoge cinco verbos de esta lección y escribe dos oraciones con cada uno. Una oración en pasado y otra en presente.
Ejemplos:
- Yo vine a este país en 2005.
- Yo vengo seguido a este restaurante.
- En Schoology revisa el video sobre cómo conjugar verbos.

HOMEWORK

Write 10 sentences in past using the same verbs.

TAREA

Escribe 10 oraciones en pasado usando los mismos verbos.

LESSON 3: SIMPLE PAST TENSE
LECCIÓN 3: PASADO (PRETÉRITO)

English

Español

LESSON 3: SIMPLE PAST TENSE
LECCIÓN 3: PASADO (PRETÉRITO)

English

Español

LESSON 3: SIMPLE PAST TENSE
LECCIÓN 3: PASADO (PRETÉRITO)

English

Español

LESSON 4: PAST CONTINUOUS
LECCION 4: PASADO CONTINUO

LESSON OBJECTIVE

To learn how to talk about situations that happened in past, but for a period of time.

OBJETIVO DE LA LECCIÓN

Aprender a hablar de situaciones que ocurrieron en el pasado, pero por un periodo de tiempo.

VOCABULARY

1. I was walking
2. I was running
3. I was breaking
4. I was protecting
5. I was building
6. I was sweating
7. I was breathing
8. I was drinking
9. No, I wasn't
10. I was fishing
11. They were going
12. We were surviving
13. She wasn't enjoying
14. He was riding
15. They were eating
16. Others were hunting
17. They weren't familiar
18. Have you ever had…?

VOCABULARIO

1. (Yo) estaba caminando
2. (Yo) estaba corriendo
3. (Yo) estaba rompiendo
4. (Yo) estaba protegiendo
5. (Yo) estaba construyendo
6. (Yo) estaba sudando
7. (Yo) estaba respirando
8. (Yo) estaba tomando
9. No, yo no estaba …
10. (Yo) estaba pescando
11. Ellos estaban yendo.
12. Nosotros estábamos sobreviviendo
13. Ella no estaba disfrutando
14. Él estaba montando
15. Ellos estaban comiendo
16. Otros estaban cazando
17. Ellos no me eran familiares(conocidos)
18. ¿Alguna vez has tenido…?

LESSON 4: PAST CONTINUOUS
LECCION 4: PASADO CONTINUO

TIPS FOR LIFE

"Some of the best lessons we ever learn are learned from past mistakes. The error of the past is the wisdom and success of the future"
Dale Turner

CLAVES PARA LA VIDA

Algunas de las mejores lecciones que hayamos aprendido son aprender de los errores pasados. El error del pasado es la sabiduría y el éxito del futuro"
Dale Turner

PAST CONTINUOUS

1. I had the weirdest dream anybody could have. I dreamed that I was lost in the jungle.
2. I was walking.
3. I was running.
4. I was breaking a stick.
5. I was protecting myself.
6. I was building shelter.
7. I was sweating.
8. I was breathing really fast.
9. I was drinking water. No I wasn't. I was thirsty.
10. In my dream everything was crazy, big and green.
11. I was catching a fish.
12. I was fishing. I was hungry.
13. There were very strange animals.
14. Some animals were walking slowly and looking to the horizon.

PASADO CONTINUO

1. (Yo) tuve el sueño más extraño que alguien pueda tener. Soñé que estaba perdido(a) en la selva.
2. Estaba caminando.
3. Estaba corriendo.
4. Estaba quebrando un palo.
5. Me estaba protegiendo.
6. Estaba construyendo un refugio.
7. Estaba sudando.
8. Estaba respirando muy rápido.
9. Estaba tomando agua. No, no estaba. Estaba sediento.
10. En mi sueño todo era loco, grande y verde.
11. Estaba agarrando un pez.
12. Estaba pescando. Tenía hambre.
13. Allí había animales muy raros.
14. Algunos animales estaban caminando lentamente y mirando al horizonte.

LESSON 4: PAST CONTINUOUS
LECCION 4: PASADO CONTINUO

PAST CONTINUOUS

15. I was scared.
16. I was horrified.
17. I wanted to scream but I remembered that I had to be quiet because I wasn't supposed to wake them. Wake who?
18. Suddenly, I stopped. But they didn't. Who were they? I have no idea. I knew that we were there surviving. I just don't remember who they were.
19. Then I was screaming.
20. I was crying.
21. I was begging for my life.
22. I was falling.
23. I was calling to the others. We were lost.
24. She wasn't enjoying being there, either.
25. Wait! Who was she? I had no idea. But I knew her.
26. She was trying to figure out where she was.
27. She was freezing.
28. She was making noises.
29. She was looking at the sky.
30. He was riding an animal. I don't know what kind of animal.
31. I was swimming.
32. They were eating.
33. Others were hunting.

PASADO CONTINUO

15. Estaba asustado(a).
16. Estaba horrorizado(a).
17. Yo quería gritar, pero recordé que tenía que estar en silencio porque no debía despertarlos. ¿Despertar a quién?
18. De repente yo paré. Pero ellos no. ¿Quiénes eran ellos? No tengo idea. Sabía que estábamos allí sobreviviendo. Sólo que no recuerdo quiénes eran ellos.
19. Entonces estaba gritando.
20. Estaba llorando.
21. Estaba rogando por mi vida.
22. Estaba cayéndome.
23. Estaba llamando a los otros. (Nosotros) estábamos perdidos.
24. Ella tampoco estaba disfrutando estar ahí.
25. ¡Espera! ¿Quién fue ella? No tenía idea. Pero la conocía.
26. Ella estaba tratando de entender dónde estaba.
27. Ella se estaba congelando.
28. Ella estaba haciendo sonidos.
29. Ella estaba mirando al cielo.
30. Él estaba montando un animal. No sé qué clase de animal.
31. (Yo) estaba nadando.
32. Ellos estaban comiendo.
33. Otros estaban cazando.

LESSON 4: PAST CONTINUOUS
LECCION 4: PASADO CONTINUO

PAST CONTINUOUS

34. I didn't know the others.
35. They weren't familiar. Then I was screaming.
36. I was crying.
37. He was hiding. Who was he? I don't know. So many new people.
38. I couldn't remember their faces.
39. I know that I knew some but not all of them.
40. I was dreaming. I was sweating. What a dream.
41. Have you ever had a crazy dream?

PAST CONTINUOUS

34. (Yo) no conocí a los otros.
35. Ellos no me eran familiares.
36. Entonces estaba gritando.
37. Estaba llorando.
38. Él se estaba escondiendo. ¿Quién era él? (yo) no sé. Tanta gente nueva.
39. No pude recordar sus caras.
40. Yo sé que (yo) conocía a algunos, pero no a todos ellos.
41. Yo estaba soñando. Yo estaba sudando. Vaya, qué sueño.

CLASS ACTIVITIES

Guessing game
Try to guess what your classmates were doing this morning. Write 5 sentences.

You were _____
You were _____
He/she was _____
He/she was _____
They were _____

ACTIVIDADES PARA LA CLASE

Juego de adivinar
Trata de adivinar que estaban haciendo tu compañero y otros compañeros esta mañana. Escribe 5 oraciones.

Tú estabas_____
Tú estabas_____
Él estaba _____
Ella estaba _____
Ellos estaban _____

LESSON 4: PAST CONTINUOUS
LECCION 4: PASADO CONTINUO

HOMEWORK

Do you remember when you were a kid?
Do you remember your favorite game?
Please describe a time in your life when you were playing. Be specific about details and activities. Write 10 sentences.

TAREA

¿Recuerdas cuando eras niño(a)?
¿Recuerdas tu juego favorito?
Por favor describe un momento de tu vida en el que estabas jugando. Sé específico sobre los destalles y las actividades. Escribe 10 oraciones.

LESSON 4: PAST CONTINUOUS
LECCION 4: PASADO CONTINUO

English

Español

LESSON 4: PAST CONTINUOUS
LECCION 4: PASADO CONTINUO

English

Español

LESSON 4: PAST CONTINUOUS
LECCION 4: PASADO CONTINUO

English

Español

LESSON 5: USED TO (verb) vs. USED TO (adj.)
LECCIÓN 5: "YO SOLÍA" vs. "ESTOY ACOSTUMBRADO A"

LESSON OBJECTIVE

To learn and practicing the use of "USED TO" as a verb Vs "USED TO" as an adjective.

OBJETIVO DE LA LECCIÓN

Aprender y practicar el uso de "YO SOLÍA" y "ESTOY ACOSTUMBRADO(A) A"

VOCABULARY

1. I used to play outside.
2. We used to play "ding dong ditch."
3. We used to pick a neighbor's door.
4. We also used to play jump-rope.
5. He used to play it
6. What did you used to play?

VOCABULARIO

1. Yo solía jugar afuera.
2. Nosotros solíamos jugar "tin-tin, corre-corre".
3. Solíamos escoger la puerta de un vecino.
4. También solíamos saltar a la cuerda.
5. El solía jugarlo una y otra vez.
6. ¿Qué es lo que solías jugar?

LESSON 5: USED TO (verb) vs. USED TO (adj.)
LECCIÓN 5: "YO SOLÍA" vs. "ESTOY ACOSTUMBRADO A"

USED TO (VERB)

The expression "used to" as a verb describes something that happened but is not happening anymore.
   I used to + base verb

Example: I used to walk in the afternoons, but I don't anymore.
1. Time has changed. Everything is different now.
2. Do you remember how it was when you were a kid? Everybody has a different story about childhood.
   This is my story. What's yours?

3. When I was a kid **I used to play outside.**
4. I didn't have a tablet, PC or mobile phone.
5. I used to play with my neighbors.
6. **We used to play "ding dong ditch."** That used to be a heroic game. Do you have this game in your country?
7. So, there used to get together about five kids to play.
8. We used to pick a neighbor's door.

YO SOLÍA

La expresión "yo solía" se usa para describir algo que se hacía en el pasado, pero ya no se hace.
   (Yo) Solía + verbo (infinitivo)

Ejemplo: Yo solía pasear en las tardes, pero ya no lo hago.
1. Los tiempos han cambiado. Ahora todo es diferente.
2. ¿Recuerdas cómo eran las cosas cuando eras un niño? Todos tenemos una historia de infancia diferente.
   Esta es mi historia. ¿Cuál es la tuya?

3. Cuando era niño **yo solía jugar afuera**.
4. Yo no tenía tableta, computadora ni teléfono móvil.
5. Yo solía jugar con mis vecinos.
6. **(Nosotros) Solíamos jugar "tin-tin, corre-corre"**. Ese solía ser un juego heroico. ¿Tienen ese juego en tu país?
7. Entonces solíamos juntarnos cerca de cinco chicos para jugar.
8. Solíamos escoger la puerta de un vecino.

LESSON 5: USED TO (verb) vs. USED TO (adj.)
LECCIÓN 5: "YO SOLÍA" vs. "ESTOY ACOSTUMBRADO A"

USED TO (VERB)

9. One of us volunteered to ring the doorbell at that house.
10. Once the bell rang we would run and run and run.
11. Of course the neighbor wasn't happy.
12. But we were.
13. Very happy. We laughed a lot.
14. **We also used to play jump-rope.**
15. Two of my friends used to twirl the rope.
16. Then all the others started to jump in and out. We jumped and laughed.
17. Sometimes, we used to play with marbles.
18. Hundreds of them. Full of colors. Full of fun.
19. My brother's favorite game used to be "Duck, duck, goose". **He used to play it** over and over.
20. We used to have so much fun. We used to laugh a lot.
21. **What was it that you used to play** when you were a kid?

YO SOLÍA

9. Uno de nosotros se ofrecía de voluntario para tocar el timbre de esa casa.
10. Cuando sonaba el timbre nosotros corríamos y corríamos y corríamos.
11. Claro que los vecinos no estaban felices.
12. Pero nosotros sí.
13. Muy felices. Nos reíamos mucho.
14. **Nosotros también solíamos saltar a la cuerda.**
15. Dos de mis amigos solían hacer girar la cuerda.
16. Entonces todos los otros empezaban a saltar entrando y saliendo. Saltábamos y reíamos.
17. Algunas veces, jugábamos a las canicas.
18. Cientos de estas. Llenas de colores. Llenas de diversión.
19. El juego favorito de mi hermano solía ser "pato – pato, ganso". **Él solía jugarlo una y otra vez.**
20. Solíamos divertirnos mucho. Solíamos reírnos mucho.
21. **¿A qué solías jugar cuándo eras un niño?**

LESSON 5: USED TO (verb) vs. USED TO (adj.)
LECCIÓN 5: "YO SOLÍA" vs. "ESTOY ACOSTUMBRADO A"

TIPS FOR LIFE

"My goal is not to be better than anyone else, but to be better than I used to be." –Anonymous

CLAVES PARA LA VIDA

"Mi objetivo no es ser mejor que nadie, pero ser mejor de lo que solía ser". --Anónimo

USED TO (ACCUSTOMED TO..., FAMILIAR WITH...)

We use the expression "used to" to describe something that you are accustomed to.

to be + used to + verb-ING
(to be accustomed to)

1. I can study listening to loud music. I am used to it.
2. I am used to watching TV and doing my homework.
3. I can sleep while my neighbor is having a party. I am used to it.
4. I love to eat really spicy food. I am used to it.
5. I don't like cooking. I am not used to it.

ESTOY ACOSTUMBRADO(A) A... (UN HÁBITO, FAMILIARIZADO CON...)

Se usa la expresión "estoy acostumbrado a…" para describir situaciones que a las que la persona está habituada.

Estar + acostumbrado(a) + a + verbo

1. Puedo estudiar escuchando música a alto volumen. Estoy acostumbrado (a).
2. Estoy acostumbrado(a) a ver TV y hacer mi tarea.
3. Puedo dormir mientras mi vecino está de fiesta. Estoy acostumbrado(a) (a esto).
4. Me encanta comer comida picante. Estoy acostumbrado(a).
5. No me gusta cocinar. No estoy acostumbrado(a).

LESSON 5: USED TO (verb) vs. USED TO (adj.)
LECCIÓN 5: "YO SOLÍA" vs. "ESTOY ACOSTUMBRADO A"

USED TO (ACCUSTOMED TO…, FAMILIAR WITH…)

6. My dog is really annoying to others, but I don't care. I am used to him.
7. My wife snores, but it doesn't bother me, because I am used to it.
8. Driving in the snow can be really hard. Are you used to driving in snow?
9. This is a really hard job. I am not used to working that hard.
10. I wonder if I will ever get used to living in this country.
11. Is she used to the food from her new country?

ESTOY ACOSTUMBRADO(A) A…
(UN HÁBITO, FAMILIARIZADO CON…)

6. Mi perro es realmente cansón para otros, pero a mí no me importa. Estoy acostumbrado(a) a él.
7. Mi esposa ronca, pero eso no me molesta porque estoy acostumbrado.
8. Conducir en la nieve puede ser bien difícil. ¿Estás acostumbrado(a)?
9. Éste es un trabajo realmente duro. No estoy acostumbrado(a) a trabajar tan duro.
10. Me pregunto si algún día te acostumbrarás a vivir en este país.
11. ¿Está ella acostumbrada a la comida del nuevo país?

LESSON 5: USED TO (verb) vs. USED TO (adj.)
LECCIÓN 5: "YO SOLÍA" vs. "ESTOY ACOSTUMBRADO A"

CLASS ACTIVITIES

Complete the sentences using **"used to"** as a verb that describes *something that happened but not any more*:
1. I used to _____
2. You used to _____
3. He used to _____
4. She used to _____
5. They used to _____
6. We used to _____

Complete the sentences using **"used to"** to describe **something that you are accustomed to**.

1. I am used to _____
2. She is used to _____
3. He is used to _____
4. You are used to _____
5. They are used to _____

Write down three things that you used to do when you were a kid. Share them with your partner.
1._____
2._____
3._____

ACTIVIDADES PARA LA CLASE

Completa las oraciones usando **"yo solía"** para describir **algo que se hacía en el pasado, pero ya no se hace**:
1. Yo solía _____
2. Tu solías _____
3. Él solía _____
4. Ella solía_____
5. Ellos solían _____
6. Nosotros solíamos _____

Completa las oraciones usando **"estoy acostumbrado a…"** para describir **situaciones que a las que la persona está habituada.**
1. Estoy acostumbrado/a a _____
2. Ella está acostumbrada a _____
3. Él está acostumbrado a _____
4. Tú estás acostumbrado a _____
5. Ellos est'an acostumbrados a _____

Escribe tres cosas que solías hacer cuando eras niño/a. Compártelas con tu compañero/a.
1._____
2._____
3._____

LESSON 5: USED TO (verb) vs. USED TO (adj.)
LECCIÓN 5: "YO SOLÍA" vs. "ESTOY ACOSTUMBRADO A"

CLASS ACTIVITIES

Write down 3 things that you have become used to by living in this country. Share them with your partner.

1. I am used to _____
2. _____
3. _____

CLASS ACTIVITIES

Escribe tres cosas a las que te has acostumbrado al vivir en este país. Compártelas con tu compañero.

1. Estoy acostumbrado(a) a _____
2. _____
3. _____

HOMEWORK

Make a list of 5 things that you used to eat when you were a kid. (Complete sentences)
1. _____
2. _____
3. _____
4. _____
5. _____

Write down 3 things that you are used to doing and that are really hard for others to do.
1. _____
2. _____
3. _____
4. _____
5. _____

TAREA

Has una lista de cinco cosas que solías comer cuando eras niño/a. (Oraciones completas)
1. _____
2. _____
3. _____
4. _____
5. _____

Escribe tres cosas a las que estás acostumbrado(a) a hacer y que para otros son difíciles.
1. _____
2. _____
3. _____
4. _____
5. _____

LESSON 5: USED TO (verb) vs. USED TO (adj.)
LECCIÓN 5: "YO SOLÍA" vs. "ESTOY ACOSTUMBRADO A"

English

Español

LESSON 5: USED TO (verb) vs. USED TO (adj.)
LECCIÓN 5: "YO SOLÍA" vs. "ESTOY ACOSTUMBRADO A"

English

Español

LESSON 5: USED TO (verb) vs. USED TO (adj.)
LECCIÓN 5: "YO SOLÍA" vs. "ESTOY ACOSTUMBRADO A"

English

Español

LESSON 6: QUESTIONS IN PAST
LECCIÓN 6: PREGUNTAS EN PASADO

LESSON OBJECTIVE

Ask open-ended questions in the past tense

OBJETIVO DE LA LECCIÓN

Hacer preguntas con respuestas abiertas en el pasado.

VOCABULARY

1. What did you do?
2. Where did you go?
3. How did you end up going there?
4. How was it?
5. Who was that?
6. Why would anyone do that?
7. What time of the day did she sell them?
8. Where do you think she is now?
9. How much is it?
10. Did you know…?
11. Have you seen one of those?
12. Which one did you see?
13. What's her number?

VOCABULARIO

1. ¿Qué hiciste…?
2. ¿A dónde fuiste?
3. ¿Cómo es que te fuiste para allá?
4. ¿Cómo te fue?
5. ¿Quién fue ella?
6. ¿Por qué alguien haría eso?
7. ¿A qué hora del día las vendía?
8. ¿Dónde crees que está ahora?
9. ¿Cuánto cuesta?
10. ¿Sabías que…?
11. ¿Has visto una de estas?
12. ¿Cuál viste?
13. ¿Cuál es su número?

TIPS FOR LIFE

"Failure doesn't exist, only experience. It all adds up." --unknown

CLAVES PARA LA VIDA

"El fracaso no existe, sólo la experiencia. Todo suma." –

LESSON 6: QUESTIONS IN PAST
LECCIÓN 6: PREGUNTAS EN PASADO

QUESTIONS IN PAST

Sofia: Hey Jake, **what did you do last summer?**
Jake: I worked on some projects at home and also took a little vacation.
Sofia: Oh really, **where did you go?**
Jake: Puerto Vallarta. It's a city in the state of Jalisco in Mexico. It's on the west coast of the continent and borders the Pacific Ocean.

Sofia: Wow, that's cool. **How did you end up going there? How was it?**
Jake: Well, I asked some friends where I should go and they suggested that city. They said there were lots of activities there. It was fun.

Sofia: I think my friend Ramira went there too.
Jake: **Who's that?**
Sofia: Ramira, that lady who sold sea shells by the sea shore.
Jake: **Why would anyone do that?**
Sofia: I guess she made money doing it.
Jake: **What time of day did she sell them?**
Sofia: Usually just a couple of hours in the afternoon before it got dark.

PREGUNTAS EN PASADO

Sofia: Hola Jake **¿Qué hiciste** el verano pasado?
Jake: Trabajé en unos proyectos en la casa y también fui de vacaciones.
Sofia: ¿De veras? **¿A dónde fuiste?**
Jake: A Puerto Vallarta. Es una ciudad que se encuentra en el estado de Jalisco en México. Está en la costa oeste del continente y limita con el océano pacífico.
Sofia: Que padre **¿Cómo es que te fuiste para allá? ¿Cómo te fue?**
Jake: Pues, les pregunté a unos amigos a dónde debería ir y me indicaron esa ciudad. Ellos me dijeron que había muchas actividades allá. Fue divertido.
Sofia: Pienso que mi amiga Ramira también fue para allá.
Jake: **¿Quién es ella?**
Sofia: Ramira, esa muchacha que vendía las conchas a la orilla del mar.
Jake: **¿Por qué alguien haría eso?**
Sofia: Supongo que así ganaba dinero.
Jake: **¿A qué hora del día las vendía?**
Sofia: Normalmente durante un par de horas en la tarde antes de que se pusiera oscuro.

LESSON 6: QUESTIONS IN PAST
LECCIÓN 6: PREGUNTAS EN PASADO

QUESTIONS IN PAST

Jake: Oh fun, we should go see her. **Where do you think she is now?**
Sofia: She's on her way here. We're going out to a movie. You should come.
Jake: Sounds good. **How much is it? Do you know?**
Sofia: About $5, I think. We were thinking about either going to see *Star Wars* or *The Little Mermaid*. **Have you seen either of them? Which did you see?**
Jake: I saw *The Little Mermaid*. Let's go to the other one. This Ramira sounds fun. **What's her number?** I want to meet her.

QUESTIONS IN PAST

Jake: Chido, deberíamos ir a visitarla. **¿Dónde crees que está ahora?**
Sofia: Ella viene en el camino ahora. Saldremos para ver una película. Deberías venir con nosotros.
Jake: Suena bien. **¿Cuánto cuesta? ¿Sabes?**
Sofia: Como $5, creo. Pensábamos ver o *Star Wars* o *La Sirenita*. **¿Has visto una de estas? ¿Cuál viste?**

Jake: Vi *La Sirenita*. Vámonos a la otra. Esa chica Ramira suena divertida. **¿Cuál es su número?** Me gustaría conocerla.

LESSON 6: QUESTIONS IN PAST
LECCIÓN 6: PREGUNTAS EN PASADO

CLASS ACTIVITIES

Form a question to find out the information in the scenario below.
1. She sold the sea shells last night. _____
2. Her name was Ramira. _____
3. That trip cost $2,500. _____
4. I went to Puerto Vallarta because my friends said it would be fun. _____
5. The flight arrived at 9:07 pm. _____
6. We had to take a cab from the airport to the hotel. _____
7. We went out with friends from the hotel _____
8. We went to the beach. _____
9. Her car was at my house last week. _____
10. Those seashells belonged to Ramira. _____

ACTIVIDADES PARA LA CLASE

Haz una pregunta cuya respuesta sea la información en el escenario abajo.
1. Ella vendió las conchas anoche. _____
2. Ella se llamaba Ramira. _____
3. El viaje costó $2,500,000. _____
4. Fui a Puerto Vallarta porque mis amigos dijeron que iba a ser divertido. _____
5. El vuelo llegó a las 9:07 de la noche. _____
6. Tuvimos que tomar un taxi del aeropuerto al hotel. _____
7. Salimos con unos amigos del hotel. _____
8. Fuimos a la playa. _____
9. Dejó su carro en mi casa la última semana. _____
10. Esas conchas pertenecían a Ramira. _____

LESSON 6: QUESTIONS IN PAST
LECCIÓN 6: PREGUNTAS EN PASADO

CLASS ACTIVITIES

11. We went scuba diving in the ocean on Tuesday.
_____
12. Jake was there for a week.
_____
13. He got back on Sunday.
_____

ACTIVIDADES PARA LA CLASE

11. El martes fuimos al mar a bucear.
_____
12. Jake estuvo ahí durante una semana.
_____
13. Volvió el domingo.
_____

CLASS ACTIVITIES

What was the girl's name?
How much did that trip cost?
Why did you go to Puerta Vallarta?
Where did you go?
What time did the flight arrive?
How did you get from the airport to the hotel?
Who did you go out with last night?
Where did you go?
Where was her car last week?

Which ones belonged to Ramira? To whom did the seashells belong?
What did you do on Tuesday?
How long was Jake there?
When did he get back?

CLASS ACTIVITIES

¿Cómo se llamaba la muchacha?
¿Cuánto costó el viaje?
¿Por qué fuiste a Puerta Vallarta? ¿A dónde fuiste?
¿A qué hora llegó el vuelo?
¿Cómo llegaste del aeropuerto al hotel?
¿Con quién saliste anoche?
¿A dónde fuiste?
¿Dónde estuvo su auto la semana pasada?
¿Cuáles pertenecían a Ramira? ¿A quién pertenecían las conchas?
¿Qué hiciste el martes?
¿Por cuánto tiempo estuvo Jake?
¿Cuándo volvió?

LESSON 6: QUESTIONS IN PAST
LECCIÓN 6: PREGUNTAS EN PASADO

HOMEWORK

Write five questions in the past to find out about a classmate's experience.

1. _____
2. _____
3. _____
4. _____
5. _____

TAREA

Escribe 5 preguntas para saber acerca de una experiencia de un compañero de clase.

1. _____
2. _____
3. _____
4. _____
5. _____

LESSON 6: QUESTIONS IN PAST
LECCIÓN 6: PREGUNTAS EN PASADO

English

Español

LESSON 6: QUESTIONS IN PAST
LECCIÓN 6: PREGUNTAS EN PASADO

English

Español

LESSON 6: QUESTIONS IN PAST
LECCIÓN 6: PREGUNTAS EN PASADO

English

Español

LESSON 7: QUESTIONS IN PAST USING DID – DIDN'T
LECCIÓN 7: PREGUNTAS EN PASADO En inglés DID – DIDN'T

LESSON OBJECTIVE

Learning how to do questions in past including "did, didn't.

OBJETIVO DE LA LECCIÓN

Aprender a hacer preguntas en pasado. En inglés usar "did – didn't".

VOCABULARY

1. Did you find the…?
2. When did you find it?
3. Where did you find it?
4. Why did we do that?
5. Did you make the hotel reservation?
6. Which hotel did you book?
7. Why didn't you make the reservation at the…?
8. Did you tell your mom?
9. Yes, I did.
10. No, I didn't.

VOCABULARIO

1. ¿Encontraste (encontró) el/la/los/las …?
2. ¿Cuándo lo/la/los/las encontraste?
3. ¿Dónde lo/la/los/las encontraste?
4. ¿Por qué hicimos eso?
5. ¿Hiciste la reservación en el hotel?
6. ¿Qué hotel reservaste?
7. ¿Por qué no hiciste la reservación en el …?
8. ¿Le dijiste a tu madre?
9. Si lo hice.
10. No, no lo hice.

LESSON 7: QUESTIONS IN PAST USING DID – DIDN'T
LECCIÓN 7: PREGUNTAS EN PASADO En inglés DID – DIDN'T

QUESTIONS IN PAST USING DID/DIDN'T (PAST OF "TO DO")

In Spanish, the verb "To do" means "hacer" and you have to conjugate it ins past as the arrow shows:

PREGUNTAS EN PASADO EN INGLÉS DID – DIDN'T (PASADO DE "TO DO")

En español, el verbo "To do" significa hacer y tienes que conjugarlo en pasado como lo muestra la flecha:

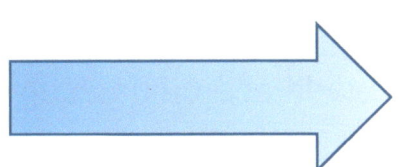

- Yo hice,
- Tú hiciste
- Él hizo
- Ella hizo
- Nosotros hicimos
- Ustedes hicieron
- Ellos hicieron.

In English this is the way to conjugate the verb "to do" in past is:
Did + S + V(present)
Didn't + S + V
Who + did
When + did
Where + did
What + did
Why + did
How + did

En inglés esta es la manera de conjugar en pasado el verbo "to do":

LESSON 7: QUESTIONS IN PAST USING DID – DIDN'T
LECCIÓN 7: PREGUNTAS EN PASADO En inglés DID – DIDN'T

LET'S PRACTICE: PHONE CALL

As you read, take note of all of the times that English uses forms of "to do" (do/does/did/doing) that Spanish doesn't.
Joanna: Hi John. How are you doing?
John: Doing great, thanks.
Joanna: What did you do this morning?
John: I got ready for the trip.
Joanna: Really? I am so excited about that trip.
John: Me too.
Joanna: Ok, let's check the list of things to do together.
John: Sure!
Joanna: Did you find the luggage?
John: Yes, I did.
Joanna: When did you find it?
John: This morning.
Joanna: Great! Where did you find it?

John: Under grandma's bed.
Joanna: No kidding! Ok. Did you find all our summer clothes?

John: Yes, I did.
Joanna: Nice. Where did you find them?
John: Grandpa's closet.
Joanna: Really? That's awesome.

PRACTIQUEMOS: LLAMADA TELEFÓNICA

Mientras lees, presta atención a todas las veces que en inglés se usa las formas de "to do" y en el español no se hace.
Juana: Hola Juana. ¿Cómo te va?
Juan: Muy bien, gracias.
Juana: ¿Qué hiciste esta mañana?

Juan: Me preparé para el viaje.
Juana: ¿En serio? Estoy muy emocionada acerca de ese viaje.
Juan: Yo también.
Juana: Perfecto, revisemos juntos la lista de cosas por hacer.
Juan: ¡Seguro!
Juana: ¿Encontraste el equipaje?
Juan: Si, lo encontré.
Juana: ¿Cuándo lo encontraste?
Juan: Ésta mañana.
Juana: ¡Perfecto! ¿Dónde lo encontraste?
Juan: Bajo la cama de la abuela.
Juana: ¡No me digas! Bien ¿Encontraste toda nuestra ropa de verano?
Juan: Si, la encontré.
Juana: ¡Qué bien! ¿Dónde la encontraste?
Juan: En el closet del abuelo.
Juana: ¡En serio! ¡Maravilloso!

LESSON 7: QUESTIONS IN PAST USING DID – DIDN'T
LECCIÓN 7: PREGUNTAS EN PASADO En inglés DID – DIDN'T

LET'S PRACTICE: PHONE CALL

PRACTIQUEMOS: LLAMADA TELEFÓNICA

John: Why did we do that? Next time we have to put all our stuff in the same place so it is easy to find it.

Joanna: Yes, we need to do that.
John: Did you make the hotel reservation?
Joanna: Yes, I did.
John: Great, which hotel did you book?
Joanna: Alux Cancun.
John: Oh no! Why didn't you make the reservation at the Hyatt hotel?
Joanna: Because it is way more expensive.
John: Yes, but it is our anniversary.
Joanna: Ok, but if we save some money we can do other things in Cancun.
John: Ah, ok. But we don't have to be that cheap. Anyway, did you pack the flip flops?
Joanna: Yes, I did.
John: Nice. Did you tell your mom that we are going on a trip to Cancun?
Joanna: No I didn't. Well…I talked to Dad.
John: Why didn't you tell your mom?

Juan: ¿Por qué hicimos eso? La próxima Tenemos que poner todas nuestras cosas en el mismo lugar para que sea fácil encontrarlas.
Juana: Si, necesitamos hacer eso.
Juan: ¿Hiciste la reservación en el hotel?
Juana: Si, la hice.
Juan: Súper, ¿cuál hotel reservaste?

Juana: Alux Cancún
Juan: ¡Noo! ¿Por qué no hiciste una reservación en el hotel Hyatt?
Juana: Porque es mucho más costoso.
Juan: Sí, pero es nuestro aniversario.
Juana: Bueno, pero si ahorramos dinero podemos hacer otras cosas en Cancún.
Juan: Ah, bueno. Pero no tenemos que ser tan tacaños. No importa, ¿empacaste las sandalias?
Juana: Si, las empaqué.
Juan: Bien. ¿Le dijiste a tu mamá que nos vamos de viaje a Cancún?
Juana: No le dije. Bueno, hablé con papá.
Juan: ¿Por qué no le dijiste a tu mamá?

LESSON 7: QUESTIONS IN PAST USING DID – DIDN'T
LECCIÓN 7: PREGUNTAS EN PASADO En inglés DID – DIDN'T

LET'S PRACTICE: PHONE CALL

Joanna: Because, you know… she may want to come with us.
John: But it is our anniversary.
Joanna: It's ok, I talked to Dad.

John: Ok. Did you book the plane tickets?
Joanna: Yes, I did.
John: Which airline did you book?

Joanna: American Airlines.
John: Nice.
Joanna: Did you book first class?
John: No, I didn't. Because… we have to save money just in case we have extra expenses.
Joanna: Ok. But it is our anniversary.

John: I know, but it's going to be great. Did you find our passports?

Joanna: Yes, I did.
John: Nice. Then I think we are ready to go.
Joanna: Perfect!
John: Sorry, one more thing.
Joanna: Sure honey.

PRACTIQUEMOS: LLAMADA TELEFÓNICA

Juana: Porque, ya sabes… ella quizá quiera venir con nosotros.
Juan: Pero es nuestro aniversario.
Juana: Todo está bien, hablé con papá.
Juan: Bueno. ¿Compraste los tiquetes de avión?
Juana: Sí, lo hice.
Juan: ¿En qué aerolínea los compraste?
Juana: American Airlines.
Juan: Súper.
Juana: ¿Compraste primera clase?
Juan: No lo hice. Porque tenemos que ahorrar dinero en caso de que tengamos gastos adicionales.
Juana: Bueno, pero es nuestro aniversario.
Juan: Yo sé, pero va a ser maravilloso. ¿Encontraste nuestros pasaportes?

Juana: Si, los encontré (lo hice).
Juan: Súper, entonces yo creo que estamos listos para irnos.
Juana: ¡Perfecto!
Juan: Perdona, una cosa más.

Juana: Sí mi amor.

LESSON 7: QUESTIONS IN PAST USING DID – DIDN'T
LECCIÓN 7: PREGUNTAS EN PASADO En inglés DID – DIDN'T

LET'S PRACTICE: PHONE CALL

John: Guess what?
Joanna: What?
John: Mom and dad are coming with us.
Joanna: Noooo, why did you do that?
John: Well…they are going to celebrate their anniversary along with us. So I thought that it was a wonderful idea.

Joanna: Did you really think that?
John: Yes, don't you think so?
Joanna: No, I don't.
John: But they missed us a lot last time we went on a trip.

Joanna: Great. What a way to celebrate our anniversary.

LET'S PRACTICE: PHONE CALL

Juan: ¡Adivina!
Juana: ¿Qué?
Juan: Mamá y papá vienen con nosotros.
Juana: Nooo ¿por qué hiciste eso?
Juan: Bueno, ellos van a celebrar su aniversario junto con nosotros. Entonces me pareció una maravillosa idea.
Juana: ¿En realidad pensaste eso?
Juan: Si ¿no te parece?
Juana: No, no me parece.
Juan: Pero ellos nos extrañaron mucho la última vez que nos fuimos de viaje.
Juana: ¡Muy bien! Qué buena manera de celebrar nuestro aniversario.

TIPS FOR LIFE

"Genius is one percent inspiration and 99 percent perspiration,"

Thomas Edison.

CLAVES PARA LA VIDA

"Un genio es uno por ciento de inspiración y 99 por ciento de sudoración".

Thomas Edison.

LESSON 7: QUESTIONS IN PAST USING DID – DIDN'T
LECCIÓN 7: PREGUNTAS EN PASADO En inglés DID – DIDN'T

CLASS ACTIVITIES

Choose a topic with your partner: wedding, birthday, quinceañera, or another. Make a list of 5 things to organize for that celebration.
Write five questions (check the list) using "did and didn't". Make a phone call to your partner asking them these things. Let the conversation flow. Include other questions. Hang up, change languages.

1. _____
2. _____
3. _____
4. _____
5. _____

ACTIVIDADES PARA LA CLASE

Escoge un tema con tu compañero: matrimonio, cumpleaños, quinceañera, u otro. Has una lista de 5 tareas para organizar esta celebración.
Escribe 5 preguntas. (revisa la lista). Llama a tu compañero/a y hazle estas preguntas. Deja que la conversación fluya. Incluye otras preguntas que se te ocurran. Cuelguen y cambien de idioma.

1. _____
2. _____
3. _____
4. _____
5. _____

HOMEWORK

Make a list of ten questions using did or didn't. Write the answers too. Share some of them in *Schoology* with your facilitator.

TAREA

Haz una lista de diez preguntas en el pasado. Escribe las respuestas también. Comparte con tu facilitador algunas de estas en *Schoology*.

LESSON 7: QUESTIONS IN PAST USING DID – DIDN'T
LECCIÓN 7: PREGUNTAS EN PASADO En inglés DID – DIDN'T

English

Español

LESSON 7: QUESTIONS IN PAST USING DID – DIDN'T
LECCIÓN 7: PREGUNTAS EN PASADO En inglés DID – DIDN'T

English

Español

LESSON 7: QUESTIONS IN PAST USING DID – DIDN'T
LECCIÓN 7: PREGUNTAS EN PASADO En inglés DID – DIDN'T

English

Español

LESSON 8: FUTURE PROGRESSIVE
LECCIÓN 8: FUTURO PROGRESIVO

LESSON OBJECTIVE

To learn how to use future tenses.

OBJETIVO DE LA LECCIÓN

Aprender cómo usar el tiempo futuro.

VOCABULARY

1. Imagination
2. Optimistic
3. Accomplish / fulfill
4. Hopefully
5. Mountains
6. Wondering
7. Dream, desire, goal
8. Unreal
9. Exploring
10. Twins, triplets, multiple pregnancy

VOCABULARIO

1. Imaginación
2. Optimista
3. Llevar a cabo / cumplir
4. Ojalá
5. Montañas
6. Preguntándose
7. Sueño, deseo, meta
8. Irreal
9. Explorando
10. Gemelos, trillizos, embarazo múltiple

LESSON 8: FUTURE PROGRESSIVE
LECCIÓN 8: FUTURO PROGRESIVO

FUTURE PROGRESSIVE

Use future progressive (will be + verb-*ing*) to express future actions in progress and guesses.

- Ex: Next winter, I **will be enjoying** the beautiful Argentinian beaches.

- Ex: Carl **won't be getting** married very soon.

FUTURO PROGRESIVO

Usa el futuro progresivo (futuro del verbo estar + gerundio) para expresar acciones futuras en progreso y suposiciones.
- Ej: El próximo invierno, **estaré disfrutando** de las hermosas playas argentinas.
- Ej: Carlos **no se estará casando** muy pronto.

DREAMING AND SETTING GOALS

This is the story of a girl with a lot of imagination. She wanted many things when she grew up. She said: "I wish that I could fly and visit all the countries in the world. When I turn 15, I'll be climbing the highest mountain in the world. And when I turn 20, I will be exploring the Amazon".

1. Her father was not so optimistic and he said: "If I were you, I would study for the test you have tomorrow morning. You won't pass the class, if you keep wondering about the future that much. It's important that you do your best in school."

SOÑANDO Y PONIENDO METAS

Esta es la historia de una niña con mucha imaginación. Deseaba muchas cosas para cuando sea grande; ella decía: "quisiera poder volar y conocer todos los países del mundo. Para cuando cumpla 15 años estaré escalando la montaña más alta del mundo y para cuando cumpla 20 años estaré explorando el Amazonas".

1. Su padre no era tan optimista y le decía: "Si yo fuera tú, estudiaría para el examen que tienes mañana. No vas a aprobar la clase si sigues pensando tanto en el futuro. Es importante que pongas tu mejor esfuerzo en la escuela".

LESSON 8: FUTURE PROGRESSIVE
LECCIÓN 8: FUTURO PROGRESIVO

DREAMING AND SETTING GOALS

2. Gabriela did everything her dad told her. She knew that if she were obedient, she would be rewarded. But, she didn't stop imagining how life would be in the future. Thinking: "I wish I had a big house on the beach, with many dogs and two bicycles for when my cousin visits me". Someday, I will be carrying twins, or triplets. I would like to have many children!

3. "Before that, as I travel the world, I hope I can help many people. It's important that I know how to do something really well. Tonight, I'll be thinking about what I like doing, and what I am good at".

4. I know! I'm very good at singing and playing the guitar. I will practice a lot until I am famous and I will travel around the world. But, I am very good with animals, too. I could take care of many animals. I'll be a veterinarian!

SOÑANDO Y PONIENDO METAS

2. Gabriela hacía todo lo que su papá le decía. Sabía que, si era obediente, tendría su recompensa. Pero ella no paraba de imaginarse como sería su vida en el futuro. Pensando: "quisiera tener una casa enorme en la playa, con muchos perritos y dos bicicletas para cuando me visite mi prima". ¡Algún día, estaré embarazada de gemelos, o trillizos; quisiera tener muchos hijos!

3. "Antes de todo eso, mientras recorro el mundo, desearía poder ayudar a mucha gente. Es importante que sepa hacer algo muy bien. Esta noche estaré pensando en lo que más me gusta hacer y para lo que soy buena".

4. ¡Ya sé! soy muy buena cantando y tocando la guitarra. Practicaré mucho hasta ser muy famosa y viajaré por todo el mundo. Pero, también soy muy buena con los animales, quisiera curar a muchos animales, ¡seré veterinaria!

LESSON 8: FUTURE PROGRESSIVE
LECCIÓN 8: FUTURO PROGRESIVO

DREAMING AND SETTING GOALS

5. Although, I don't really like it, I am very good at school. I like to help my friends, explaining homework to them. I know! I will be a teacher. If I prepared myself, I would be able to teach many things to many people, in the whole world.

6. When I get to the United States I will be teaching Spanish, and they'll be teaching me English. When I get to China I'll be teaching them how to use a fork, and they will be teaching me how to use chopsticks. When I get to Alaska I'll be showing them how to play guitar and they'll be showing me how to build an igloo. I wish I knew everything, and could teach everything I know to everyone who needs it.

7. Gabriela's heart and intention moved her father. So, together they began to work on a plan to fulfill those dreams. They started with a goal for the following week: save money for a trip, for when she turns fifteen. Then planned

SOÑANDO Y PONIENDO METAS

5. Aunque casi no me gusta, también soy muy buena en la escuela y me gusta ayudar a mis amigos explicándoles cómo hacer sus tareas. ¡Ya sé! seré maestra. Si me preparo mucho podré enseñar muchas cosas a muchas personas, en todo el mundo.

6. Cuando llegue a Estados Unidos estaré enseñando español y ellos me estarán enseñando inglés. Cuando vaya a China estaré enseñándoles cómo usar un tenedor y ellos estarán enseñándome cómo usar los palillos. Cuando vaya a Alaska estaré mostrándoles cómo tocar la guitarra y ellos me estarán mostrando cómo construir un iglú. Quisiera saber hacer de todo y enseñar lo que sé, a todo el que lo necesite.

7. El corazón y las intenciones de Gabriela conmovieron a su padre. Entonces, juntos empezaron a trabajar en un plan para cumplir esos sueños. Empezaron con una meta para la siguiente semana: ahorrar para su viaje de los quince

LESSON 8: FUTURE PROGRESSIVE
LECCIÓN 8: FUTURO PROGRESIVO

DREAMING AND SETTING GOALS

something that they would do the following month: study another language. Her most difficult challenge would be to get her teaching degree.

SOÑANDO Y PONIENDO METAS

años. Luego con algo que haría el siguiente mes: estudiar otro idioma. Su meta más difícil sería obtener su título de maestra.

TIPS FOR LIFE

"May your choices reflect your hopes, not your fears".
— Nelson Mandela

CLAVES PARA LA VIDA

"Que tus decisiones reflejen tus esperanzas,
no tus miedos".

HOMEWORK

Write 5 ideas that will help you accomplish your dreams. Ask a child what his/her dreams are for when he/she grows up. Share one of those dreams in Schoology.

TAREA

Escribe 5 ideas que te ayudará a llevar a cabo tus sueños. Pregúntale a un/a niño/a cuáles son sus sueños para cuando sea grande. Escribe en Schoology uno de esos sueños.

LESSON 8: FUTURE PROGRESSIVE
LECCIÓN 8: FUTURO PROGRESIVO

WORKING TOGETHER

WORKING TOGETHER
Write the 3 biggest dreams that you have. What are the steps you will follow to fulfill one of your dreams in the next week, next month and next year? (Use Future Progressive)

My dreams:
1. _____
2. _____
3. _____

Plan:
Next week: _____

Next month: _____

Next year: _____

TRABAJANDO JUNTOS

Escribe los 3 sueños más grandes tienes. ¿Cuáles serían los pasos que seguirás para cumplir uno de tus sueños? La siguiente semana, el siguiente mes y el siguiente año. (Usa Futuro Progresivo)

Mis sueños:
1. _____
2. _____
3. _____

Plan:
La siguiente semana: _____

El siguiente mes: _____

El siguiente año: _____

LESSON 8: FUTURE PROGRESSIVE
LECCIÓN 8: FUTURO PROGRESIVO

English

Español

LESSON 8: FUTURE PROGRESSIVE
LECCIÓN 8: FUTURO PROGRESIVO

English

Español

LESSON 8: FUTURE PROGRESSIVE
LECCIÓN 8: FUTURO PROGRESIVO

English

Español

LESSON 9: IDIOMS AND SAYINGS
LECCIÓN 9: REFRANES Y DICHOS

LESSON OBJECTIVE

Learning idioms and how to use them.
1. Hold your horses
2. It's raining cats and dogs
3. The early bird catches the worm
4. Rome was not built in a day
5. Out of sight, out of mind

OBJETIVO DE LA LECCIÓN

Aprender refranes/dichos y la manera de usarlos.
1. Para el carro
2. Están lloviendo maridos
3. A quien madruga, Dios le ayuda
4. No se ganó Zamora en una hora
5. Ojos que no ven, corazón que no siente

IDIOMS AND SAYINGS

Work with your partner around the meaning of the following idioms. Tell them your own explanations for each one.
1. Hold your horses.
   _____
2. You drive me crazy.
   _____
3. It's raining cats and dogs.
   _____
4. A bird in the hand is worth two in the bush.
   _____
5. The early bird catches the worm.
   _____
6. Brains are better than brawn.
   _____
7. Rome was not built in a day.
   _____

REFRANES Y DICHOS

Trabaja con tu compañero(a) alrededor de los siguientes refranes. Dile tu propia explicación para cada uno.
1. Para el carro.
   _____
2. Me vuelves loco(a).
   _____
3. Están lloviendo maridos.
   _____
4. Más vale un pájaro en mano que cien volando.
   _____
5. A quien madruga, Dios le ayuda.
   _____
6. Más vale maña que fuerza.
   _____
7. No se ganó Zamora en una hora.
   _____

LESSON 9: IDIOMS AND SAYINGS
LECCIÓN 9: REFRANES Y DICHOS

IDIOMS AND SAYINGS

8. Out of sight, out of mind.
9. One man's meat is another man's poison.
10. Hot potato
11. Actions speak louder than words.
12. You reap what you sow.
13. An arm and a leg
14. You can't judge a book by its cover.
15. Curiosity killed the cat.
16. Don't put all your eggs in one basket.
17. Kill two birds with one stone.
18. You can't teach an old dog new tricks.

REFRANES Y DICHOS

8. Ojos que no ven, corazón que no siente.
9. Lo que a uno cura, a otra mata.
10. Papa caliente
11. Una acción vale más que mil palabras.
12. Lo que siembres, cosecharás.
13. Un ojo de la cara
14. Las apariencias engañan.
15. La curiosidad mató al gato.
16. No ponga todos sus huevos en la misma canasta.
17. Matar dos pájaros de un tiro.
18. El loro viejo no aprende a hablar.

LESSON 9: IDIOMS AND SAYINGS
LECCIÓN 9: REFRANES Y DICHOS

READ THE FOLLOWING PARAGRAPH TO YOUR PARTNER AND ASK THEM FOR ITS MEANING.

LEE A TU COMPAÑERO LENTAMENTE ESTE PÁRRAFO Y PREGÚNTALE SI ENTIENDE EL SIGNIFICADO.

Notice that left and right paragraphs are different. Don't get confused.
Help your partner to understand:

Let's **talk turkey**. Often students think teachers are a **wolf in sheep's clothing**. We are just trying to **beef up** your skills and also **bring home the bacon**. We **won't butter you up** just to get you to do your homework. Most students think that homework is **small potatoes** anyway. But remember, it is 10% of your six week's grade and that is nothing **to beef about**."

Nota que los párrafos de la izquierda y la derecha son diferentes. No te confundas.
Ayúdale a tu compañero/a a comprender:

Es una mañana soleada, pero el cielo se está cubriendo de nubes. Parece que **van a llover maridos** dice Manuela a su esposo. Ándale, levántale que **al que madruga Dios le ayuda** le responde él. Vámonos al mercado, disfrutaremos de los colores y los olores. Pero no sabemos dónde queda, acabamos de llegar a este pueblo. Responde Manuela. Bueno, **preguntando se llega a Roma**, además tengo mucha hambre, y **para buena hambre no hay mal pan**, hoy es día de mercado, vamos a comer allí.

TIPS FOR LIFE

"If I had an hour to solve a problem and my life depend on it I would use the first 55 minutes determining the proper question to ask."
Albert Einstein

CLAVES PARA LA VIDA

"Si tuviera solo una hora para resolver un problema y mi vida depende de esto, yo usaría los primeros 55 minutos determinando la perfecta pregunta para hacer."
Albert Einstein

LESSON 9: IDIOMS AND SAYINGS
LECCIÓN 9: REFRANES Y DICHOS

READ THE FOLLOWING PARAGRAPH TO YOUR PARTNER AND ASK THEM FOR ITS MEANING.

Write 10 of the most useful idioms in your daily life. Teach them to your partner.

1. _____
2. _____
3. _____
4. _____
5. _____
6. _____
7. _____
8. _____
9. _____
10. _____

LEE A TU COMPAÑERO LENTAMENTE ESTE PÁRRAFO Y PREGÚNTALE SI ENTIENDE EL SIGNIFICADO.

Escribe 10 de los refranes más útiles en tu vida cotidiana Enséñalos a tu compañero.

1. _____
2. _____
3. _____
4. _____
5. _____
6. _____
7. _____
8. _____
9. _____
10. _____

LESSON 9: IDIOMS AND SAYINGS
LECCIÓN 9: REFRANES Y DICHOS

HOMEWORK

Write down the meaning or description of the following idioms
1. Pulling my leg
   _____
2. Piece of cake
   _____
3. Straight shooter
   _____
4. Spared no expense
   _____
5. It wasn't hearth felt
   _____
6. Loaded with cash
   _____

TAREA

Escribe el significado o descripción de los siguientes refranes.
1. Echar agua al mar
   _____
2. Se me hace agua la boca
   _____
3. Más lana que un borrego
   _____
4. Estar hecho un ají
   _____
5. No tener pelos en la lengua
   _____
6. Pan comido
   _____

LESSON 9: IDIOMS AND SAYINGS
LECCIÓN 9: REFRANES Y DICHOS

English

Español

LESSON 9: IDIOMS AND SAYINGS
LECCIÓN 9: REFRANES Y DICHOS

English

Español

LESSON 9: IDIOMS AND SAYINGS
LECCIÓN 9: REFRANES Y DICHOS

English

Español

LESSON 10: SINGING TOGETHER
LECCIÓN 10: CANTANDO JUNTOS

LESSON OBJECTIVE

To work on pronunciation

OBJETIVO DE LA LECCIÓN

Trabajar en pronunciación

KARAOKE
THE BEATLES
I WANT TO HOLD YOUR HAND

Oh yeah, I'll tell you something
I think you'll understand
When I'll say that something
I want to hold your hand
I want to hold your hand
I want to hold your hand
Oh please, say to me
You'll let me be your man
And please, say to me
You'll let me hold your hand
Now let me hold your hand
I wanna hold your hand
And when I touch you I feel happy inside
It's such a feeling that my love

I can't hide, I can't hide, I can't hide

Yeah, you've got that something
I think you'll understand
When I'll say that something
I want to hold your hand
I want to hold your hand

KARAOKE
LOS BEATLES
QUIERO TOMAR TU MANO

Oh sí, voy a decirte algo
Creo que lo entenderás
Cuando te lo diga
Quiero tomar tu mano
Quiero tomar tu mano
Quiero tomar tu mano
Oh por favor, dime
Que me dejarás ser tu hombre
Y por favor, dime
Que me dejarás tomar tu mano
Déjame tomar tu mano
Quiero tomar tu mano
Cuando te toco, me siento feliz por dentro
Es una sensación tal que no puedo ocultar mi amor
No puedo ocultarlo, no puedo ocultarlo

Sí, tú tienes eso
Creo que lo entenderás
Cuando te lo diga
Quiero tomar tu mano
Quiero tomar tu mano

LESSON 10: SINGING TOGETHER
LECCIÓN 10: CANTANDO JUNTOS

**KARAOKE
THE BEATLES
I WANT TO HOLD YOUR HAND**

And when I touch you I feel happy inside

It's such a feeling that my love

I can't hide, I can't hide, I can't hide

Yeah, you've got that something
I think you'll understand
When I'll feel that something
I want to hold your hand
I want to hold your hand
I want to hold your hand

**KARAOKE
LOS BEATLES
QUIERO TOMAR TU MANO**

Cuando te toco, me siento feliz por dentro

Es una sensación tal que no puedo ocultar mi amor
No puedo ocultarlo, no puedo ocultarlo

Sí, tú tienes eso
Creo que lo entenderás
Cuando siento eso
Quiero tomar tu mano
Quiero tomar tu mano
Quiero tomar tu mano

LESSON 10: SINGING TOGETHER
LECCIÓN 10: CANTANDO JUNTOS

TIPS FOR LIFE

"Music gives a soul to the universe, wings to the mind, flight to the imagination and life to everything." -- Plato

CLAVES PARA LA VIDA

"La música le da alma al universo, alas a la mente, vuelo a la imaginación y vida a todo" --Platón

LIVE MY LIFE
MARK ANTHONY

I'm gonna laugh, I'm gonna dance
[I'm gonna] live my life, la, la, la, la
I'm gonna laugh, I'm gonna enjoy
live my life, la, la, la, la

Sometimes rain comes
to clean wounds
Sometimes just a drop
can overcome the drought

And why cry, for what?
If it hurts bad, forget it
And why suffer, for what?
If life is like this, you must live it

I'm gonna laugh, I'm gonna dance
live my life, la, la, la, la
I'm gonna laugh, I'm gonna enjoy
live my life, la, la, la, la

I'm gonna live in the moment
to understand the fate
I'm gonna listen in silence
to find the way

VIVIR MI VIDA
MARK ANTHONY

Voy a reír, voy a bailar
vivir mi vida la la la la
voy a reír, voy a gozar
vivir mi vida la la la la *[x2]*

A veces llega la lluvia
para limpiar las heridas
a veces solo una gota
puede vencer la sequía

Y para que llorar, pa' qué
si duele una pena, se olvida
y para qué sufrir, pa' qué
si así es la vida, hay que vivirla la la le

Voy a reír, voy a bailar
vivir mi vida la la la la
voy a reí, voy a gozar
vivir mi vida la la la la

Voy a vivir el momento
para entender el destino
voy a escuchar el silencio
para encontrar el camino

LESSON 10: SINGING TOGETHER
LECCIÓN 10: CANTANDO JUNTOS

LIVE MY LIFE
MARK ANTHONY

And why cry, for what?
If it hurts bad, forget it
And why suffer, for what?
If it hurts bad, forget it, la, la, la, la

I'm gonna laugh, I'm gonna dance
live my life, la, la, la, la
I'm gonna laugh, I'm gonna enjoy
live my life, la, la, la, la

My people!
I'm gonna laugh, I'm gonna dance
Why mourn? Why suffer?
Start dreaming, laughing
I'm gonna laugh, I'm gonna dance
Feel and dance and enjoy,
you only live once
I'm gonna laugh, I'm gonna dance
Live,
always keep moving forward
Don't look back
My people,
you only live once

I'm gonna laugh, I'm gonna dance
live my life, la, la, la, la
I'm gonna laugh, I'm gonna enjoy
live my life, la, la, la, la

LIVE MY LIFE
MARK ANTHONY

Y para que llorar, pa' qué
si duele una pena, se olvida
y para qué sufrir, pa' qué
si duele una pena, se olvida la la le

Voy a reír, voy a bailar
vivir mi vida la la la la
voy a reí, voy a gozar
vivir mi vida la la la la

Mi Gente!
Voy a reír, voy a bailar
pa'qué llorar, pa' que sufrir
empieza a soñar, a reír
voy a reír, voy a bailar
siente y baila y goza
que la vida es una sola
voy a reír, voy a bailar
vive, sigue
siempre pa'lante
no mires pa' tras
mi gente
la vida es una

Voy a reír, voy a bailar
vivir mi vida la la la la
voy a reí, voy a gozar
vivir mi vida la la la la

WORD COUNT

1305 Unique English Words in order of number of occurrences i.e. "you" occurs 94 times.

175 i, 94 you, 70 did, 70 was, 66 that, 65 it, 64 in, 61 used, 60 we, 55 my, 44 your, 36 do, 36 la, 35 with, 34 she, 30 past, 28 what, 26 v 26 how, 26 i'm, 25 her, 25 gonna, 24 when, 24 life, 23 me, 21 at, 20 they, 20 went, 19 lesson, 19 about, 19 all, 18 have, 18 them, 17 write on, 17 school, 17 would, 17 but, 16 so, 16 if, 16 why, 15 this, 15 really, 15 want, 15 didn't, 15 am, 15 he, 15 hold, 15 live, 14 will, 14 verb use, 14 mom, 14 very, 14 where, 14 one, 14 play, 13 something, 13 laugh, 13 yes, 13 students, 13 find, 13 hand, 12 there, 12 las homework, 12 time, 12 not, 12 got, 12 out, 12 go, 12 think, 11 simple, 11 don't, 11 up, 11 things, 10 day, 10 using, 10 anita, 10 ge questions, 10 it's, 9 dad, 9 objective, 9 hard, 9 class, 9 tips, 9 laughed, 9 hotel, 9 asked, 9 know, 9 many, 9 sentences, 9 bus, 9 next, 9 future, 8 fun, 8 verbs, 8 activities, 8 too, 8 christmas, 8 our, 8 going, 8 partner, 8 make, 8 vocabulary, 8 or, 8 dance, 7 from, 7 list, 7 whi lunch, 7 lot, 7 week, 7 better, 7 can, 7 told, 7 doing, 7 then, 7 trip, 7 no, 7 ok, 7 dreams, 6 forget, 6 enjoy, 6 more, 6 little, 6 tense, 6 remen 6 beautiful, 6 first, 6 door, 6 just, 6 oh, 6 feel, 6 after, 6 night, 6 together, 6 ready, 6 learn, 6 teacher, 6 other, 6 kids, 6 friends, 6 said, 6 g 6 following, 6 like, 6 answered, 6 ramira, 6 book, 6 i'll, 6 idioms, 6 can't, 6 hide, 5 help, 5 some, 5 spent, 5 children, 5 beach, 5 most, 5 se 5 sure, 5 hungry, 5 different, 5 happy, 5 those, 5 came, 5 than, 5 present, 5 early, 5 over, 5 morning, 5 excited, 5 see, 5 down, 5 gam share, 5 two, 5 country, 5 each, 5 an, 5 everything, 5 kid, 5 us, 5 much, 5 because, 5 who, 5 way, 5 tell, 5 great, 5 anniversary, 5 wor teaching, 5 understand, 5 you'll, 5 mexican, 4 new, 4 ocean, 4 wasn't, 4 attention, 4 had, 4 spicy, 4 vacation, 4 cancun, 4 feeling, 4 celebra 4 chile, 4 pepper, 4 others, 4 back, 4 started, 4 big, 4 learned, 4 read, 4 food, 4 meaning, 4 bed, 4 their, 4 open, 4 bell, 4 rang, 4 take, 4 ta 4 study, 4 story, 4 five, 4 mind, 4 also, 4 now, 4 accustomed, 4 posadas, 4 ask, 4 well, 4 experience, 4 money, 4 come, 4 let's, 4 colo reservation, 4 nice, 4 let, 4 progressive, 4 people, 4 won't, 4 teach, 4 say, 3 mom's, 3 translation, 3 green, 3 words, 3 wanted, 3 ye peppers, 3 blah, 3 moment, 3 looked, 3 wonderful, 3 call, 3 again, 3 right, 3 couldn't, 3 ran, 3 towards, 3 working, 3 felt, 3 delicious, 3 impor 3 describe, 3 living, 3 woke, 3 off, 3 guess, 3 question, 3 gate, 3 dreaming, 3 sang, 3 rushed, 3 stop, 3 waited, 3 stopped, 3 favorite, 3 ho 3 schoology, 3 check, 3 conjugate, 3 practice, 3 thought, 3 jump, 3 rope, 3 tradition, 3 what's, 3 phone, 3 before, 3 house, 3 once, 3 ru sometimes, 3 love, 3 doesn't, 3 complete, 3 goal, 3 anyone, 3 jake, 3 vallarta, 3 whole, 3 should, 3 sea, 3 thinking, 3 flight, 3 only, 3 fu spanish, 3 english, 3 choose, 3 save, 3 another, 3 imagination, 3 fulfill, 3 wish, 3 could, 3 i'll, 3 dogs, 3 work, 3 month, 3 bird, 3 yeah, 3 me 3 gathered, 3 hurts, 3 bad, 3 suffer, 2 water, 2 party, 2 few, 2 minutes, 2 took, 2 change, 2 listen, 2 familiar, 2 friend, 2 heal, 2 ten, 2 irreg 2 family, 2 park, 2 table, 2 ate, 2 happily, 2 star, 2 chili, 2 méxico, 2 place, 2 knocked, 2 breakfast, 2 el, 2 classroom, 2 prepared, 2 move celebration, 2 soon, 2 visit, 2 everyone, 2 everybody, 2 gave, 2 never, 2 girl, 2 com, 2 form, 2 posada, 2 example, 2 often, 2 dream, 2 gri 2 same, 2 kitchen, 2 vs, 2 outside, 2 ding, 2 dong, 2 ditch, 2 pick, 2 neighbor's, 2 description, 2 expression, 2 describes, 2 happene serrano, 2 anymore, 2 has, 2 los, 2 beautifully, 2 every, 2 opened, 2 pay, 2 neighbor, 2 duck, 2 families, 2 ing, 2 music, 2 decorated, 2 e dog, 2 care, 2 filled, 2 driving, 2 snow, 2 hit, 2 played, 2 end, 2 sell, 2 seen, 2 number, 2 summer, 2 puerto, 2 city, 2 that's, 2 weekend, 2 2 shells, 2 blue, 2 sounds, 2 either, 2 mermaid, 2 piñata, 2 lots, 2 name, 2 wonder, 2 cost, 2 while, 2 airport, 2 car, 2 seashells, 2 belonge tuesday, 2 learning, 2 paying, 2 drank, 2 smelled, 2 fire, 2 s, 2 v, 2 put, 2 anyway, 2 may, 2 celebrate, 2 en, 2 percent, 2 smells, 2 scare optimistic, 2 accomplish, 2 meal, 2 wondering, 2 exploring, 2 twins, 2 triplets, 2 actions, 2 ex, 2 means, 2 turn, 2 plate, 2 father, 2 kee knew, 2 travel, 2 candle, 2 singing, 2 guitar, 2 around, 2 animals, 2 word, 2 showing, 2 plan, 2 looking, 2 sayings, 2 horses, 2 raining, 2 2 catches, 2 worm, 2 rome, 2 built, 2 sight, 2 man's, 2 leg, 2 can't, 2 its, 2 beef, 2 carried, 2 pronounce, 2 please, 2 touch, 2 inside, 2 su you've, 2 followed, 2 cry, 1 tacos, 1 pilgrimage, 1 vocab, 1 burrito, 1 kept, 1 pasado, 1 poblano, 1 tamales, 1 drinking, 1 pretended, 1 thro 1 push, 1 happening, 1 deep, 1 base, 1 walk, 1 afternoons, 1 kings, 1 changed, 1 atoles, 1 junto, 1 hadn't, 1 childhood, 1 jalapeño, 1 you tablet, 1 pc, 1 mobile, 1 breath, 1 neighbors, 1 heroic, 1 room, 1 songs, 1 volunteered, 1 ring, 1 doorbell, 1 homes, 1 census, 1 gifts, 1 cou 1 achieve, 1 twirl, 1 jumped, 1 fourth, 1 marbles, 1 hundreds, 1 brother's, 1 search, 1 goose, 1 mary, 1 part, 1 adventures, 1 listening, 1 l 1 stomach, 1 days, 1 watching, 1 tv, 1 snore, 1 sleep, 1 having, 1 add, 1 pointed, 1 reenactment, 1 cooking, 1 bathroom, 1 annoying, 1 l 1 him, 1 wife, 1 snores, 1 names, 1 bother, 1 kind, 1 relieved, 1 wasn, 1 job, 1 ever, 1 sounded, 1 any, 1 three, 1 verbos, 1 becom traducción, 1 fantastic, 1 else, 1 anonymous, 1 traditionally, 1 con, 1 t, 1 ended, 1 yellow, 1 doesn't, 1 according, 1 bacalao, 1 posad buñuelos, 1 waiting, 1 hey, 1 eyes, 1 stare, 1 worked, 1 projects, 1 religious, 1 since, 1 song, 1 nine, 1 state, 1 jalisco, 1 west, 1 coa continent, 1 borders, 1 pacific, 1 wow, 1 corner, 1 cool, 1 powerfully, 1 conviction, 1 suggested, 1 climbed, 1 who's, 1 lady, 1 into, 1 be waved, 1 shore, 1 made, 1 seuss, 1 usually, 1 couple, 1 hours, 1 afternoon, 1 dark, 1 she's, 1 goodbye, 1 here, 1 we're, 1 movie, 1 hos 1 january, 1 walked, 1 wars, 1 short, 1 saw, 1 ride, 1 meet, 1 quite, 1 information, 1 scenario, 1 below, 1 introduce, 1 carefully, 1 entran sat, 1 arrived, 1 pm, 1 cab, 1 accept, 1 irritate, 1 introduced, 1 herself, 1 scuba, 1 diving, 1 type, 1 sunday, 1 girl's, 1 puerta, 1 arrive, 1 c 1 whom, 1 belong, 1 long, 1 failure, 1 exist, 1 meals, 1 adds, 1 unknown, 1 classmate's, 1 continues, 1 including, 1 extraordinary, 1 pror 1 funny, 1 joseph, 1 mine, 1 hacer, 1 ins, 1 arrow, 1 shows, 1 lips, 1 cafeteria, 1 reyes , 1 note, 1 times, 1 uses, 1 forms, 1 does, 1 hi, 1 j 1 joanna, 1 store, 1 thanks, 1 candy, 1 luggage, 1 under, 1 grandma's, 1 kidding, 1 clothes, 1 even, 1 grandpa's, 1 closet, 1 aweson chose, 1 stuff, 1 easy, 1 need, 1 alux, 1 hyatt, 1 expensive, 1 perhaps, 1 seven, 1 ah, 1 cheap, 1 twenty, 1 pack, 1 flip, 1 flops, 1 picke plane, 1 tickets, 1 airline, 1 american, 1 airlines, 1 case, 1 extra, 1 expenses, 1 passports, 1 perfect, 1 sorry, 1 thing, 1 honey, 1 comir noooo, 1 free, 1 along, 1 idea, 1 missed, 1 topic, 1 wedding, 1 birthday, 1 quinceañera, 1 dr, 1 organize, 1 asking, 1 these, 1 a , 1 conversa 1 flow, 1 include, 1 hang, 1 languages, 1 genius, 1 playground, 1 inspiration, 1 perspiration, 1 thomas, 1 edison, 1 answers, 1 facilitat joke, 1 tenses, 1 soccer, 1 move, 1 paper, 1 crayons, 1 hopefully, 1 mountains, 1 colored, 1 desire, 1 unreal, 1 pencils, 1 painted, 1 fru multiple, 1 pregnancy, 1 express, 1 tray, 1 progress, 1 guesses, 1 bethlehem, 1 winter, 1 enjoying, 1 argentinian, 1 beaches, 1 carl, 1 get 1 married, 1 setting, 1 goals, 1 grew, 1 seemed, 1 surprised, 1 fly, 1 countries, 1 offer, 1 bye, 1 answer, 1 climbing, 1 highest, 1 mounta amazon, 1 kiss, 1 test, 1 tomorrow, 1 pass, 1 hug, 1 best, 1 gabriela, 1 receive, 1 obedient, 1 rewarded, 1 imagining, 1 dish, 1 bicycle cousin, 1 visits, 1 someday, 1 carrying, 1 www, 1 hope, 1 su, 1 tonight, 1 mobogenie, 1 mouth, 1 playing, 1 activity, 1 until, 1 famous, 1 br 1 wait, 1 offered, 1 veterinarian, 1 although, 1 explaining, 1 myself, 1 able, 1 dwelling, 1 united, 1 states, 1 champurrado, 1 they'll, 1 chin

WORD COUNT

fork, 1 chopsticks, 1 alaska, 1 flowers, 1 they'll, 1 build, 1 igloo, 1 needs, 1 gabriela's, 1 heart, 1 intention, 1 began, 1 continue, 1 dia, 1 san 1 turns, 1 fifteen, 1 planned, 1 eating, 1 language, 1 difficult, 1 challenge, 1 degree, 1 biggest, 1 steps, 1 follow, 1 choices, 1 reflect, 1 ho 1 fears, 1 nelson, 1 mandela, 1 ideas, 1 child, 1 his, 1 grows, 1 sentence, 1 fully, 1 holiday, 1 host, 1 restaurant, 1 cheat, 1 away, 1 pilgr 1 kinds, 1 video, 1 is , 1 dwell, 1 own, 1 explanations, 1 drive, 1 crazy, 1 wise, 1 worth, 1 bush, 1 brains, 1 brawn, 1 marianne, 1 me poison, 1 hot, 1 potato, 1 speak, 1 louder, 1 reap, 1 sow, 1 arm, 1 williamson, 1 concentrate, 1 judge, 1 yell, 1 cover, 1 curiosity, 1 kille cat, 1 eggs, 1 basket, 1 kill, 1 birds, 1 stone, 1 old, 1 tricks, 1 paragraph, 1 notice, 1 left, 1 paragraphs, 1 confused, 1 bit, 1 talk, 1 turke teachers, 1 wolf, 1 sheep's, 1 clothing, 1 trying, 1 buddha, 1 skills, 1 bring, 1 bacon, 1 butter, 1 small, 1 potatoes, 1 six, 1 week's, 1 grad nothing, 1 useful, 1 daily, 1 hour, 1 solve, 1 problem, 1 depend, 1 determining, 1 proper, 1 albert, 1 einstein, 1 pulling, 1 piece, 1 cak straight, 1 shooter, 1 spared, 1 expense, 1 hearth, 1 loaded, 1 cash, 1 pronunciation, 1 karaoke, 1 beatles, 1 men, 1 orange, 1 describir terribly, 1 man, 1 wanna, 1 adj, 1 practicing, 1 explained, 1 singers, 1 escribe, 1 adjective, 1 hand , 1 god, 1 mark, 1 anthony, 1 stole, 1 cr 1 de, 1 rain, 1 comes, 1 clean, 1 wounds, 1 drop, 1 overcome, 1 drought, 1 paint, 1 shape, 1 breathe, 1 red, 1 must, 1 fate, 1 silence, 1 mc 1 start, 1 laughing, 1 always, 1 moving, 1 forward, 1 don't, 1 look, 1 taken, 1 from , 1 http, 1 lyricstranslate, 1 vivir, 1 mi, 1 vida, 1 html, 1 g 1 soul, 1 universe, 1 wings, 1 plato

1304 Unique Spanish Words in order of number of occurrences i.e. "estaba" occurs 74 times.

206 la, 146 de, 113 que, 104 el, 104 en, 95 y, 82 no, 74 estaba, 64 para, 63 yo, 52 los, 51 una, 48 mi, 43 se, 42 las, 42 me, 38 pasado, 37 con, 37 tu, 36 un, 35 qué, 33 es, 31 ella, 29 lo, 28 vida, 26 si, 25 voy, 24 muy, 23 ellos, 23 del, 23 su, 23 por, 23 pero, 22 cuando, 21 acostumbrado, 20 nosotros, 19 lección, 19 escribe, 18 solía, 18 le, 17 más, 17 te, 17 era, 16 entonces, 16 cómo, 16 mamá, 16 estoy, 15 todos, 15 estaban, 15 al, 15 hacer, 14 fue, 14 tomar, 14 mano, 13 clase, 13 quiero, 13 está, 13 escuela, 13 todo, 13 dónde, 12 también, 12 ser, 12 eso, 12 vivir, 11 reír, 11 fui, 11 oraciones, 11 cosas, 11 preguntas, 10 objetivo, 10 actividades, 10 claves, 10 tarea, 10 día, 10 otros, 10 bien, 10 anita, 10 simple, 10 futuro, 10 compañero, 10 solíamos, 10 hiciste, 9 papá, 9 puerta, 9 niños, 9 aprender, 9 vocabulario, 9 semana, 9 hotel, 9 sí, 9 puedo, 9 viaje, 9 siguiente, 9 encontraste, 8 navidad, 8 tenía, 8 esa, 8 comida, 8 tú, 8 verbo, 8 hambre, 8 chile, 8 estudiantes, 8 hora, 8 esta, 8 sé, 8 jugar, 8 estaré, 7 tienes, 7 mis, 7 mejor, 7 este, 7 mañana, 7 autobús, 7 mundo, 7 uno, 7 has, 7 quién, 7 niño, 7 mucho, 7 fuiste, 7 hice, 7 bueno, 7 sueños, 7 bailar, 6 estuvo, 6 algo, 6 había, 6 verbos, 6 acerca, 6 lista, 6 fuimos, 6 nos, 6 vez, 6 amigos, 6 les, 6 muchas, 6 juego, 6 porque, 6 ya, 6 cuál, 6 ramira, 6 inglés, 6 noche, 6 muchos, 6 colores, 6 buena, 6 refranes, 6 pa', 5 hicimos, 5 pretérito, 5 usar, 5 playa, 5 méxico, 5 atención, 5 difícil, 5 mesera, 5 mucha, 5 dijo, 5 agua, 5 usando, 5 juntos, 5 cada, 5 sus, 5 ahora, 5 mientras, 5 casa, 5 otra, 5 país, 5 eran, 5 sueño, 5 estar, 5 eras, 5 reí, 5 ese, 5 solías, 5 usa, 5 estas, 5 creo, 5 son, 5 do, 5 aniversario, 5 quisiera, 5 tus, 4 tal, 4 estuve, 4 realmente, 4 verde, 4 picante, 4 vacaciones, 4 cancún, 4 recuerdo, 4 estábamos, 4 preguntó, 4 respondí, 4 momento, 4 unos, 4 estás, 4 como, 4 nuevo, 4 comer, 4 dios, 4 llorar, 4 después, 4 diferente, 4 presente, 4 hacia, 4 grande, 4 ver, 4 posadas, 4 historia, 4 tiempo, 4 ir, 4 dos, 4 tener, 4 animales, 4 gente, 4 tin, 4 corre, 4 describir, 4 hace, 4 tenemos, 4 veces, 4 cuándo, 4 gusta, 4 allá, 4 cuánto, 4 conchas, 4 o, 4 sea, 4 reservación, 4 nuestro, 4 progresivo, 4 soy, 4 ocultarlo, 4 gozar, 3 pasé, 3 nunca, 3 toda, 3 mexicana, 3 océano, 3 olores, 3 plato, 3 segura, 3 nosotras, 3 divertido, 3 conocía, 3 celebramos, 3 feliz, 3 bla, 3 posada, 3 solo, 3 esos, 3 antes, 3 ojos, 3 mirando, 3 fiesta, 3 volvió, 3 año, 3 oh, 3 podía, 3 corrió, 3 tomando, 3 sobre, 3 uso, 3 significado, 3 todas, 3 cantamos, 3 primer, 3 cama, 3 soñando, 3 sería, 3 emocionada, 3 divertida, 3 profesora, 3 estudiar, 3 escoge, 3 palabras, 3 algunos, 3 experiencia, 3 siguientes, 3 cinco, 3 schoology, 3 situaciones, 3 caminando, 3 sudando, 3 disfrutando, 3 alguien, 3 loco, 3 allí, 3 idea, 3 vaya, 3 estabas, 3 algunas, 3 recuerdas, 3 favor, 3 tradición, 3 traducción, 3 vecino, 3 saltar, 3 cuerda, 3 hacía, 3 corríamos, 3 llena, 3 esperamos, 3 trabajar, 3 tan, 3 tres, 3 haría, 3 vendía, 3 jake, 3 vallarta, 3 padre, 3 mar, 3 dinero, 3 vuelo, 3 carro, 3 pertenecían, 3 cuáles, 3 did, 3 didn't, 3 dijiste, 3 español, 3 manera, 3 perfecto, 3 encontré, 3 súper, 3 adivinar, 3 compraste, 3 amor, 3 parece, 3 imaginación, 3 cumplir, 3 meta, 3 decía, 3 años, 3 pensando, 3 estarán, 3 corazón, 3 mes, 3 ayudar, 3 dichos, 3 maridos, 3 madruga, 3 ayuda, 3 siente, 3 vale, 3 entenderás, 3 siento, 3 duele, 3 pena, 3 olvida, 3 sufrir, 2 pronunciar, 2 sentir, 2 boca, 2 par, 2 minutos, 2 sentí, 2 pregunté, 2 aprendí, 2 escuchar, 2 cocina, 2 describe, 2 tocó, 2 lindísimo, 2 sanamos, 2 poco, 2 diez, 2 teníamos, 2 días, 2 vivirla, 2 bellamente, 2 despertó, 2 temprano, 2 preparó, 2 desayuno, 2 donde, 2 listo, 2 corrieron, 2 parada, 2 hablaron, 2 llamas, 2 iba, 2 continúa, 2 paró, 2 subieron, 2 bajaron, 2 peregrinos, 2 iban, 2 asustadas, 2 pronto, 2 piñata, 2 almuerzo, 2 reunieron, 2 favorita, 2 cargué, 2 campana, 2 sonó, 2 aprendió, 2 maravillosa, 2 escribir, 2 niña, 2 grinch, 2 pensó, 2 celebración, 2 revisa, 2 conjugar, 2 mente, 2 continuo, 2 hablar, 2 corriendo, 2 protegiendo, 2 construyendo, 2 respirando, 2 pescando, 2 sobreviviendo, 2 montando, 2 comiendo, 2 cazando, 2 familiares, 2 alguna, 2 tenido, 2 primera, 2 nuevas, 2 delicioso, 2 lentamente, 2 silencio, 2 quiénes, 2 tengo, 2 sabía, 2 sólo, 2 ahí, 2 entender, 2 seguimos, 2 haciendo, 2 cielo, 2 animal, 2 pasamos, 2 quería, 2 sintiendo, 2 favorito, 2 pegó, 2 afuera, 2 descripción, 2 escoger, 2 jugarlo, 2 expresión, 2 rieron, 2 pasada, 2 trabajando, 2 vecinos, 2 tocar, 2 timbre, 2 clases, 2 felices, 2 reíamos, 2 solían, 2 llenas, 2 pato, 2 fuerte, 2 persona, 2 habituada, 2 música, 2 esto, 2 importa, 2 hasta, 2 puede, 2 duro, 2 algún, 2 acostumbrada, 2 completa, 2 compártelas, 2 respuestas, 2 gritar, 2 crees, 2 cuesta, 2 visto, 2 viste, 2 número, 2 hola, 2 poner, 2 verano, 2 puerto, 2 azul, 2 ciudad, 2 dijeron, 2 muchacha, 2 así, 2 durante, 2 camino, 2 venir, 2 suena, 2 sabes, 2 sirenita, 2 vámonos, 2 haz, 2 pregunta, 2 anoche, 2 llamaba, 2 costó, 2 llegó, 2 aeropuerto, 2 practicar, 2 martes, 2 mí, 2 saber, 2 reservaste, 2 almorzar, 2 grandes, 2 hizo, 2 hicieron, 2 va, 2 serio, 2 familias, 2 maravilloso, 2 prestando, 2 otras, 2 vamos, 2 hablé, 2 ahorrar, 2 olvidaré, 2 van, 2 celebrar, 2 otro, 2 tareas, 2 idioma, 2 ciento, 2 nuestras, 2 optimista, 2 llevar, 2 cabo, 2 olía, 2 explorando, 2 gemelos, 2 trillizos, 2 ej, 2 mío, 2 poder, 2 cumpla, 2 importante, 2 gabriela, 2 recordar, 2 cantando, 2 guitarra, 2 seré, 2 maestra, 2 enseñar, 2 enseñando, 2 empezaron, 2 plan, 2 palabra, 2 pregúntale, 2 mesa, 2 están, 2 lloviendo, 2 quien, 2 bonita, 2 ganó, 2 ven, 2 manuela, 2 responde, 2 mercado, 2 llega, 2 hay, 2 pan, 2 vela, 2 quizá, 2 diga, 2 dime, 2 dejarás, 2 toco, 2 familia, 2 dentro, 2 sensación, 2 ocultar, 1 perdido, 1 selva, 1 quebrando, 1 palo, 1 refugio, 1 rápido, 1 sediento, 1 alegremente, 1 agarrando, 1 pez, 1 pedí, 1 ti, 1 raros,

WORD COUNT

1 besar, 1 horizonte, 1 asustado, 1 horrorizado, 1 recordé, 1 person, 1 rió, 1 final, 1 debía, 1 despertarlos, 1 despertar, 1 estrella, 1 repente, 1 paré, 1 aula, 1 corrí, 1 tacos, 1 importancia, 1 esperando, 1 gritando, 1 llorando, 1 rogando, 1 cayéndome, 1 llamando, 1 perdidos, 1 tampoco, 1 jugamos, 1 espera, 1 tratando, 1 labios, 1 cuidadosamente, 1 congelando, 1 baño, 1 sonidos, 1 significara, 1 terriblemente, 1 abrieron, 1 nadando, 1 conocí, 1 escondiendo, 1 tanta, 1 prepárate, 1 nueva, 1 pude, 1 caras, 1 esquina, 1 trata, 1 maría, 1 compañeros, 1 fin, 1 abrió, 1 mejores, 1 lecciones, 1 hayamos, 1 aprendido, 1 errores, 1 pasados, 1 error, 1 sabiduría, 1 dale, 1 turner, 1 despidió, 1 ofreció, 1 siete, 1 caminaba, 1 visitar, 1 jugando, 1 específico, 1 destalles, 1 detuvo, 1 vs, 1 atoles, 1 celebraron, 1 aceptar, 1 corto, 1 josé, 1 usarlas, 1 recorrido, 1 bastante, 1 quieres, 1 supe, 1 responder, 1 robó, 1 lograr, 1 contentos, 1 agregar, 1 dr, 1 pregunte, 1 veinticuatro, 1 reyes, 1 infinitivo, 1 ejemplo, 1 pasear, 1 tardes, 1 hago, 1 tiempos, 1 han, 1 cambiado, 1 movían, 1 infancia, 1 hubo, 1 tuya, 1 tableta, 1 computadora, 1 ni, 1 teléfono, 1 móvil, 1 entrada, 1 heroico, 1 tienen, 1 juntarnos, 1 cerca, 1 chicos, 1 ofrecía, 1 voluntario, 1 maestro, 1 ubicó, 1 sonaba, 1 religiosa, 1 claro, 1 casas, 1 salón, 1 puntas, 1 mexicanos, 1 chiles, 1 girar, 1 empezaban, 1 entrando, 1 saliendo, 1 saltábamos, 1 reímos, 1 jugábamos, 1 canicas, 1 cientos, 1 rogar, 1 presentó, 1 diversión, 1 hermano, 1 seuss, 1 ganso, 1 divertirnos, 1 reírnos, 1 olvidarás, 1 hábito, 1 familiarizado, 1 decoradas, 1 harían, 1 escuchando, 1 nueve, 1 alto, 1 volumen, 1 tv, 1 dormir, 1 parque, 1 encanta, 1 explicó, 1 cocinar, 1 perro, 1 cansón, 1 leer, 1 esposa, 1 ronca, 1 amigo, 1 molesta, 1 conducir, 1 nieve, 1 contó, 1 trabajo, 1 reciben, 1 poblano, 1 serrrano, 1 pregunto, 1 acuerdo, 1 acostumbrarás, 1 enero, 1 lean, 1 echó, 1 est'an, 1 acostumbrados, 1 jalapeño, 1 write, 1 nadie, 1 anónimo, 1 completas, 1 difíciles, 1 tradicionalmente, 1 champurrado, 1 abiertas, 1 busca, 1 decorada, 1 mexicanas, 1 esperar, 1 irritar, 1 presten, 1 mover, 1 cafetería, 1 sabías, 1 eligió, 1 conmigo, 1 cogió, 1 verb, 1 acabó, 1 fueron, 1 trabajé, 1 proyectos, 1 veras, 1 libres, 1 estuviera, 1 juegos, 1 encuentra, 1 estado, 1 jalisco, 1 costa, 1 oeste, 1 continente, 1 limita, 1 pacífico, 1 tomamos, 1 pues, 1 debería, 1 indicaron, 1 pasadas, 1 pienso, 1 amiga, 1 gran, 1 jugaron, 1 ofrecer, 1 orilla, 1 nombres, 1 supongo, 1 partido, 1 ganaba, 1 sonaban, 1 normalmente, 1 fútbol, 1 horas, 1 tarde, 1 pusiera, 1 oscuro, 1 chido, 1 deberíamos, 1 visitarla, 1 viene, 1 flores, 1 saldremos, 1 película, 1 deberías, 1 terminado, 1 dio, 1 papel, 1 llamar, 1 pensábamos, 1 abrir, 1 star, 1 wars, 1 pintó, 1 vi, 1 bandeja, 1 chica, 1 gustaría, 1 conocerla, 1 fruta, 1 tomé, 1 cuya, 1 respuesta, 1 pintar, 1 información, 1 escenario, 1 abajo, 1 vendió, 1 habitando, 1 magia, 1 magos, 1 lindos, 1 salieron, 1 tuvimos, 1 engañar, 1 taxi, 1 despidieron, 1 salimos, 1 dejó, 1 entre, 1 esas, 1 serrano, 1 in, 1 bucear, 1 domingo, 1 llegaste, 1 saliste, 1 auto, 1 compartir, 1 fracaso, 1 existe, 1 suma, 1 desconocido, 1 viviendo, 1 anfitriones, 1 pensado, 1 miró, 1 disfrutar, 1 rompió, 1 encontró, 1 aparcar, 1 totalmente, 1 querían, 1 madre, 1 extraordinaria, 1 abrazar, 1 significa, 1 conjugarlo, 1 muestra, 1 flecha, 1 seguí, 1 ustedes, 1 from, 1 bromear, 1 practiquemos, 1 llamada, 1 telefónica, 1 lees, 1 presta, 1 formas, 1 juan, 1 juana, 1 www, 1 gracias, 1 preparé, 1 mobogenie, 1 emocionado, 1 com, 1 revisemos, 1 equipaje, 1 presentar, 1 bajo, 1 abuela, 1 digas, 1 nuestra, 1 ropa, 1 closet, 1 abuelo, 1 actividad, 1 próxima, 1 mismo, 1 lugar, 1 fácil, 1 encontrarlas, 1 necesitamos, 1 marianne, 1 alux, 1 noo, 1 hyatt, 1 costoso, 1 empujar, 1 poderosamente, 1 abrieran, 1 ahorramos, 1 podemos, 1 vino, 1 ah, 1 tacaños, 1 empacaste, 1 sandalias, 1 empaqué, 1 dieron, 1 dije, 1 bus, 1 quiera, 1 convicción, 1 tiquetes, 1 avión, 1 aerolínea, 1 american, 1 airlines, 1 williamson, 1 caso, 1 tengamos, 1 gastos, 1 adicionales, 1 nuestros, 1 pasaportes, 1 estamos, 1 listos, 1 irnos, 1 perdona, 1 cosa, 1 abriera, 1 adivina, 1 vienen, 1 nooo, 1 sean, 1 frente, 1 junto, 1 pareció, 1 realidad, 1 pensaste, 1 regalos, 1 extrañaron, 1 deliciosa, 1 tema, 1 matrimonio, 1 cumpleaños, 1 quinceañera, 1 u, 1 oración, 1 past, 1 organizar, 1 llama, 1 hazle, 1 deja, 1 conversación, 1 fluya, 1 incluye, 1 ocurran, 1 cuelguen, 1 cambien, 1 ejemplos, 1 genio, 1 vine, 1 inspiración, 1 sudoración, 1 thomas, 1 edison, 1 comparte, 1 facilitador, 1 preguntar, 1 along, 1 vengo, 1 seguido, 1 restaurante, 1 comidas, 1 ojalá, 1 montañas, 1 preguntándose, 1 deseo, 1 canción, 1 irreal, 1 describiendo, 1 video, 1 irregulares, 1 embarazo, 1 múltiple, 1 gerundio, 1 expresar, 1 acciones, 1 futuras, 1 progreso, 1 suposiciones, 1 quedes, 1 próximo, 1 invierno, 1 respondieron, 1 hermosas, 1 playas, 1 argentinas, 1 carlos, 1 estará, 1 casando, 1 poniendo, 1 metas, 1 deseaba, 1 sueñes, 1 odiar, 1 belén, 1 volar, 1 conocer, 1 países, 1 concentra, 1 veía, 1 escalando, 1 montaña, 1 alta, 1 amazonas, 1 fuera, 1 estudiaría, 1 examen, 1 vas, 1 aprobar, 1 sigues, 1 espectacular, 1 tanto, 1 miré, 1 pongas, 1 esfuerzo, 1 buda, 1 obediente, 1 tendría, 1 recompensa, 1 paraba, 1 imaginarse, 1 enorme, 1 perritos, 1 bicicletas, 1 visite, 1 prima, 1 embarazada, 1 hijos, 1 recorro, 1 desearía, 1 sepa, 1 mismos, 1 respiré, 1 tocando, 1 peregrinación, 1 practicaré, 1 famosa, 1 viajaré, 1 curar, 1 buscando, 1 veterinaria, 1 aunque, 1 casi, 1 explicándoles, 1 ocurrieron, 1 preparo, 1 podré, 1 anfitriona, 1 personas, 1 llegue, 1 estados, 1 unidos, 1 periodo, 1 reunimos, 1 china, 1 enseñándoles, 1 tenedor, 1 enseñándome, 1 palillos, 1 alaska, 1 mostrándoles, 1 mostrando, 1 construir, 1 iglú, 1 necesite, 1 bacalao, 1 intenciones, 1 conmovieron, 1 pidió, 1 profundo, 1 dulces, 1 quince, 1 luego, 1 rompiendo, 1 obtener, 1 título, 1 serían, 1 pasos, 1 seguirás, 1 recreación, 1 decisiones, 1 reflejen, 1 esperanzas, 1 miedos, 1 nelson, 1 mandela, 1 ideas, 1 ayudará, 1 cantantes, 1 aventuras, 1 empezamos, 1 usarlos, 1 burrito, 1 pasarían, 1 viniera, 1 canciones, 1 inmediatamente, 1 yendo, 1 habitación, 1 buñuelos, 1 tienda, 1 trabaja, 1 alrededor, 1 dile, 1 propia, 1 explicación, 1 vuelves, 1 empecé, 1 pájaro, 1 parte, 1 cien, 1 volando, 1 maña, 1 fuerza, 1 cura, 1 mata, 1 papa, 1 caliente, 1 acción, 1 mil, 1 siembres, 1 cosecharás, 1 ojo, 1 cara, 1 apariencias, 1 engañan, 1 curiosidad, 1 mató, 1 gato, 1 ponga, 1 huevos, 1 misma, 1 canasta, 1 matar, 1 pájaros, 1 tiro, 1 loro, 1 viejo, 1 aprende, 1 lee, 1 párrafo, 1 entiende, 1 nota, 1 párrafos, 1 izquierda, 1 derecha, 1 diferentes, 1 confundas, 1 ayúdale, 1 comprender, 1 soleada, 1 cubriendo, 1 nubes, 1 llover, 1 dice, 1 estómago, 1 esposo, 1 levántale, 1 prometo, 1 fantástica, 1 disfrutaremos, 1 sabemos, 1 queda, 1 acabamos, 1 llegar, 1 pueblo, 1 preguntando, 1 with, 1 roma, 1 además, 1 cambiar, 1 mal, 1 conocidos, 1 hoy, 1 cotidiana, 1 enséñalos, 1 tuviera, 1 resolver, 1 problema, 1 depende, 1 usaría, 1 primeros, 1 determinando, 1 perfecta, 1 albert, 1 einstein, 1 echar, 1 lana, 1 borrego, 1 hecho, 1 ají, 1 pelos, 1 lengua, 1 comido, 1 pronunciación, 1 karaoke, 1 beatles, 1 ellas, 1 decirte, 1 forma, 1 tranquilas, 1 tuve, 1 translation, 1 hombre, 1 déjame, 1 extraño, 1 fingió, 1 pueda, 1 comió, 1 soñé, 1 roncar, 1 mark, 1 anthony, 1 samuel, 1 mirar, 1 la , 1 x2, 1 lluvia, 1 limpiar, 1 heridas, 1 gota, 1 vencer, 1 sequía, 1 tamales, 1 respirar, 1 roja, 1 amarilla, 1 naranja, 1 destino, 1 encontrar, 1 pa'qué, 1 empieza, 1 soñar, 1 baila, 1 goza, 1 sola, 1 vive, 1 sigue, 1 siempre, 1 pa'lante, 1 mires, 1 tras, 1 da, 1 alma, 1 universo, 1 alas, 1 platón,

www.ingramcontent.com/pod-product-compliance
Lightning Source LLC
Chambersburg PA
CBHW042000150426
43194CB00002B/73